新时代高校思想政治教育创新研究

主　编／谈　娅
副主编／石国辉　何宏兵

西南师范大学出版社
国家一级出版社　全国百佳图书出版单位

图书在版编目(CIP)数据

新时代高校思想政治教育创新研究 / 谈娅主编. --
重庆 : 西南师范大学出版社, 2021.4
ISBN 978-7-5697-0796-0

Ⅰ. ①新… Ⅱ. ①谈… Ⅲ. ①高等学校－思想政治教育－研究－中国 Ⅳ. ①G641

中国版本图书馆CIP数据核字(2021)第055668号

新时代高校思想政治教育创新研究
XINSHIDAI GAOXIAO SIXIANGZHENGZHI
JIAOYU CHUANGXIN YANJIU

主　编　谈　娅
副主编　石国辉　何宏兵

策划编辑：段小佳
责任编辑：段小佳
责任校对：杜珍辉
装帧设计：闰江文化
照　　排：王　兴
出版发行：西南师范大学出版社
网　址：http://www.xscbs.com
地　址：重庆市北碚区天生路1号
邮　编：400715
电　话：023-68868624
经　　销：新华书店
印　　刷：重庆荟文印务有限公司
幅面尺寸：170mm × 240mm
印　　张：12.5
字　　数：208千字
版　　次：2021年4月 第1版
印　　次：2021年4月 第1次印刷
书　　号：ISBN 978-7-5697-0796-0

定　　价：58.00元

序

以习近平同志为核心的党中央高度重视高校思想政治工作。在2016年12月召开的全国高校思想政治工作会议上，习近平总书记强调，高校思想政治工作关系高校培养什么样的人、如何培养人以及为谁培养人这个根本问题。由此可见，思想政治工作在高等教育中具有基础性和根本性的地位。总书记充分肯定高校思想政治工作者为中国高等教育发展所作出的贡献，并要求高校把立德树人作为人才培养的中心环节，把思想政治工作贯穿教育教学全过程，实现全程育人、全方位育人，努力开创我国高等教育事业发展新局面。

重庆邮电大学“马克思主义理论”学科是重庆市“十二五”“十三五”重点学科，是学校立项建设的博士点学科。在第四轮全国学科评估中，学科整体水平位于C+档，在重庆市属高校中居并列第1位。近年来，为贯彻落实习近平总书记在全国高校思想政治工作会议上的讲话精神，切实推进马克思主义理论学科的建设和发展，马克思主义学院高度重视研究生培养质量，在提高研究生的马克思主义理论素养和论文写作水平方面采取了一系列重要举措，并取得了明显成效。

自2018年以来，重庆邮电大学马克思主义学院围绕新时代高校思想政治教育创新这一主题，组织学院的研究生参加各种学术论文竞赛。在这些竞赛中，涌现出一批具有一定创新性的质量较高的学术论文。这些学术论文是研究生勤奋学习和刻苦钻研的体现，也是我院推进研究生培养工作的一个阶段性成果，现将这些优秀论文结集出版，敬请学界同仁批评指正。

2020年12月20日

目录

第一篇　新时代大学生思想政治教育研究

第二篇　思想政治理论课建设研究

第三篇　新时代意识形态工作研究

第一篇　新时代大学生思想政治教育研究

新时代高校大学生网络道德教育研究

赵　翼[①]

摘　要:新时代高校大学生网络道德教育面临的是信息化挑战,高校应针对网络的特点和大学生网络道德思想和行为发展的规律探讨网络道德教育的对策。坚持从环境治理入手,加强教育和自我教育为主要方法,做好新时代高校大学生网络道德教育工作。

关键词:新时代;大学生;网络道德教育

新时代高校思想政治教育的突出特点是网络化,道德教育是思想政治教育的重要组成部分。如今网络信息无处不在,互联网无人不用,可见媒体与人们的生活息息相关,特别是与大学生的日常生活紧密联系。时间长、频率高、涉猎广等都是大学生上网的特点,但同时大学生网络道德问题也随之出现。所谓网络道德问题,是指在网络环境中,由于缺乏道德规范和道德监督,而导致网络行为偏差。综上,大学生网络道德问题主要体现在大学生在网络社会生活中所表现出来的一切无组织、无纪律、无章程的,带有非理性、攻击性、违法性的,并对他人构成了伤害的,且违反公民法则、扰乱了公共秩序的言行。因此,在大学生中开展网络道德教育是必要的和紧迫的。

①赵翼,1993年生,女,汉族,重庆武隆区人,研究方向:思想政治教育。本文荣获重庆市第十届马克思主义研究生论坛一等奖。

一、新时代大学生网络道德问题的表现

各媒介的融合性运营，使人可以随时随地用任何终端获取信息。网络环境和网络使用对大学生网络道德的养成有着重要影响。虽然当前大学生网络道德行为发展总趋势是好的，但部分大学生网络道德失范表现较为突出。科学技术是一把双刃剑，一方面，它给大学生的生活和学习带来便利，另一方面也诱发了网络暴力、网络涉黄、网络犯罪等失范行为，给部分大学生的健康成长带来较为严重的不良影响。大学生网络道德问题具体表现在网络道德心理失范和网络道德行为失范两个方面。

（一）认知有限，网络道德心理不成熟

1. 网络道德认知混乱

大学生并不总能够清楚地分辨出网络上的道德和不道德行为。网络环境模拟现实环境，但毕竟不是真实环境，大学生在网络环境中体会到许多在现实社会环境中所无法体验的感觉和认知，且这种感觉和认知带有不真实性，比如游戏中以暴力击败他人后掠夺物资的体验，长此以往，大学生会对现实环境产生疏远感，甚至怀疑感，导致认知混乱。同时，网络传播的信息良莠掺杂，容易使大学生道德认同感模糊化，造成道德认知失衡。

2. 网络道德情感淡漠

大学生道德心理情感的发展离不开生活环境，而纷繁复杂的网络环境容易使大学生道德心理情感淡漠化，即大学生并不总能充分地认识到他人在其网络道德失范行为中受到的伤害程度。全媒体的使用，扩大了大学生的信息源，具有不可控制性。面对网络上充斥的各种各样的价值观言论，比如自由主义、无政府主义等，部分大学生在这样的环境中容易出现情感认识混乱，弱化主流意识形态的教育成果。因此，部分大学生常以看客的姿态面对舆论问题，流露出冷漠的道德情感，并且在生活中充斥着唯利是图和金钱至上的道德追求。比如2019年3月11日，赴肯尼亚旅游的21岁女大学生，在回程时飞机失事坠毁，却因为家境富裕被上千条评论骂上微博热搜。

3. 网络道德意志薄弱

全媒体有着超大承载量、超快传播速度、超广覆盖面的特点，集各种道德观念于一体，在这样大融合的道德情境中，面对形色各异的道德观，寄希望于

所有大学生都能抗拒不良环境的诱惑,用社会主义道德观自觉调节网络行为,使道德动机战胜不道德动机,将道德行为贯彻到底是难以实现的。这主要是由于大学生此时的心理发展不够成熟,道德意志还不够坚定,而大学生偏偏又是一个好奇心特强、追求个性的群体,不同的观念容易引起他们的关注,但往往由于自身道德意志不够坚定与成熟,容易被他人所利用。

新时代全媒体优势在于融合了所有媒体,信息全、影响力大,但在这媒体大融合的环境里有很多不良信息混杂其中,难以清除。这些鱼目混珠的信息冲击着部分大学生的道德观,使其对从小接受的道德观念教育产生怀疑,对内心已经初步建立的道德认识和道德规范不确信,道德原则不坚定,因而造成对科学的网络道德信念产生怀疑。

(二)自控力差,网络道德行为时有失范

全媒体的隐蔽性及网络监管的滞后,给大学生造成网络是道德规范空白地段的错误认识,使得大学生在网络上的行为很少受到约束,网络道德意识薄弱,以致网络道德行为失范发生,甚至有的大学生走上网络犯罪的道路。

1.大学生网络暴力事件层出不穷

大学生是一个思维活跃的群体。他们积极响应网络舆论事件的讨论,乐于发表自己的看法。首先,随着全媒体的融合,借助自媒体之便,每个大学生都可以成为舆论的发起者、舆情的推导者。在这样的环境下,涉世不深的大学生在选择、甄别网络内容时往往容易把握不好而失范。[①]面对突发事件和热门话题时,大学生容易情绪激动、行为冲动,跟风舆论导向,做出一些过激行为,而缺乏自己独立的思考、理性的判断,对内容的出处及事件的真相不关心,也不追究。因此,大学生盲目跟风谩骂、攻击他人和不负责任地转载、跟帖网络红人的事常有发生。其次,网络暴力事件在大学生使用网络过程中时有发生。全媒体的多样性和匿名性,导致在网络交往过程中,大学生善于把自己真实的身份隐藏起来,以便于在网络上发表不当言论、做出不当行为时而逃离道德谴责。这种匿名性也使一些大学生失去了社会责任感和自我控制能力,在一种"法不责众"心态控制下,做出各种冲动行为来发泄自己的原

①邓艳葵,旷晓霞.全媒体环境下大学生网络行为失范分析与干预——以广西高校为例[J].思想理论教育导刊,2016(09).

始本能。网络已成为大学生宣泄情绪的一个重要场所，他们愿意选择在网络上展示个性，自由言论，而且遇到事情时所发表的言论多数带有情绪。

2. 大学生网络抄袭事件常有发生

知识产权的侵犯、网络信息收集诚信的缺失，在大学生网络道德失范行为中必须给予高度重视。全媒体是对信息的集大成传播，各种资料应有尽有，是名副其实的信息万花筒。全媒体的开放性和便捷性使得信息资源获取途径容易化，在给大学生获取信息带来便利的同时，网络诚信面临巨大挑战。有学者发现，大学生广泛使用网络媒介的结果，改变了他们关于正当使用网络的观念，从而导致学术不诚实的增加。[①]比如对未予授权的音频、视频、电子文档的使用，转发或直接复制粘贴他人言论当作自己原创等，都会使大学生的知识产权意识下降，网络诚信意识缺失。并且由于法律法规的缺失，对这种行为的不制裁处理，也会给大学产生一种侥幸心理，增高了抄袭的可能性。由此可见，大学生由于对学术道德的认知能力不足，对学术规范问题还处于一知半解状态，并缺乏对知识产权的了解。面对课程论文、实践报告以及毕业论文的写作时，因为缺乏创新重视度、对作业不感兴趣、学习成绩差、想得高分等个人原因，常会直接选择网络代写、网络摘抄或网络剽窃等，导致不良学术风气的传播。

3. 大学生网络犯罪不容忽视

大学生在使用网络过程中，由于缺乏对网络法律法规的了解，容易出现触碰网络红线的行为。大学生网络犯罪问题应该予以重视。个别大学生以高科技为手段进行违法犯罪活动以牟利，给社会带来不良影响。有的大学生甚至被不法分子利用，捏造消息，污蔑民族、国家或人民，散布和传播垃圾信息，力图消解民族信仰，且严重影响了网络空间安全，这已经不再是单纯的网络使用不当导致网络道德失范问题，而是典型的网络犯罪。要知道评价一个人的好坏，区分一个人对社会是否有用，对国家对人民有没有贡献，道德是重要的标准之一。

①黄少华，黄凌飞．网络道德意识与同侪压力对不道德网络行为的影响——以大学生网民为例[J]．兰州大学学报（社会科学版），2012(05).

二、新时代大学生网络道德问题归因探析

事物的变化和发展依靠内因和外因的相互推动作用。在大学生网络道德失范问题上，内因主要是大学生自身发展的因素，外因主要是指外部环境的影响。

（一）内因阐释

1.大学生心理发展不够成熟

大学生这个年龄阶段，好奇、易怒、叛逆是他们突出的心理特征。一方面，由于生理的快速成长和心理发展的相对滞后，进而形成生理需求和心理发展的矛盾；另一方面，心理需要与客观现实也存在着矛盾，这使其很难形成正确的自我意识和良好的社会人际关系，容易导致心理健康问题。大学生具有渴望独特又害怕失群、充满正义感却又容易激怒、追求刺激而又自控力差、网络道德知识缺乏又判断力欠缺的特点。网络社会迎合了大学生心理发展的需要，为大学生提供了展示自我、释放情感的平台。并且，网络环境受现实伦理的制约较弱。因此，一些大学生受本能性冲动触犯道德底线，制造舆论、职务虐待、网络犯罪等不道德行为在大学生中频频发生。

2.大学生生理发展不够平衡

大学生正处于生理发展日益成熟的阶段，他们对爱情充满向往，对友情满怀期待。现实生活中交友所带来的羞怯、焦虑和恐惧在网络上得以释放，满足了他们追求独特、自由交流的愿望，扩大了交友空间，增强了交流自信。全媒体的开放性与隐蔽性使得他们可以肆无忌惮地扮演各种角色，无所畏惧地谈天说地，但同时又由于生理的需求和自制力的缺乏，大学生难以抵制网络暴力、网络犯罪、滥交网友、流言传播、色情低俗信息等的影响和毒害。

（二）外因分析

1.家庭网络伦理教育的缺失

家庭是人们受教育的起源地，对一个人世界观、人生观、价值观的形成有很大的影响。当前社会对家庭教育也有着很高的重视，流传的成功家庭教育案例非常多。但通过对新华书店销售量前十的家庭教育相关书籍的抽样调查，发现家庭教育类的书籍里关于网络道德教育的内容并不常见。这说明一

个问题,网络道德教育还未被普遍纳入家庭教育体系。其中一个原因是一部分家长运用各网络媒介还不及儿女熟练,且涉网年龄及上网时间远远低于子女。另一个原因是父母因缺乏对网络道德、网络行为安全的专业知识的了解,进而导致网络道德失范行为并未引起他们的重视,再加上网络的虚拟性与匿名性,让家长觉得在网络上的不道德行为具有不真实性,因此不是不道德的行为。而大学生在寒暑假期间,没有了在校课程的约束和规律的作息,反而使上网时间大大增加,而且家庭这样熟悉又隐私的环境更有助于大学生在网上为所欲为。因此,家庭网络道德教育的缺失和家庭环境的舒适是大学生网络道德失范的重要原因之一。

2. 同辈群体潜移默化的影响

同辈群体是指年龄相当、心智成熟度接近的人所组成的一种非正式初级群体,与家庭社区环境和学校环境有着紧密的联系,家庭社区有着一起长大的同辈邻居,而学校的一个寝室、一个班级、一个年级基本也都是同辈群体。但同伴环境不同于家庭社区环境和学校环境。同辈环境的控制难度较大、可干预性较低,但其对人的影响深远,甚至可能超过家长和教师。第一,同辈网络不道德行为的影响,致使大学生网络道德行为失范的发生。大学生及其同辈正是网络大军,可谓"无时不网、无处不网、无人不网",但同时也导致大学生的网络失范行为"因网而生,因网而兴"。①所以,一旦同辈环境里发生网络不道德行为,包括网络盗窃、网络暴力等易见现象,那么大学生网络道德失范行为的出现概率也会随之增大。比如同辈之间分享不合法网站、游戏时言语不文明等行为现象。第二,同侪压力的减弱,导致大学生网络不道德行为的爆发。有学者认为,传统道德发生作用的基础,在于"熟人社会"的存在,传统道德的本质是一种"熟人道德"。即传统道德压力是一种熟人压力,在熟人社会存在的现实基础上,大学生的不道德行为难以避免被发现和审视,使得大学生在现实环境中更愿意遵守道德准则,规范道德行为。但全媒体的隐蔽性使得传统道德压力不成立了,很多大学生认为网络学术剽窃、网络犯罪、网络涉黄等不道德行为难以被揭发和惩罚,如此逃避了同侪压力的限制,这很容易造成大学生网络道德失范。

①袁贵仁. 把握大势着眼大事努力做好新形势下高校宣传思想工作[J]. 求是,2015(03).

3. 高校网络道德引导力度不够

学校是大学生接受伦理道德教育的主要阵地，往往教育模式是自上而下的灌输，是由外向内的影响，而缺少大学生由内向外的自我教育引导。并且，目前高校有网络道德教育引导力度不足的现象。一方面，计算机网络等专业课程更注重运用技术的讲解，而忽略网络运用道德伦理的教育；另一方面，高校非本专业大学生的培养计划里未有或少有网络道德教育课程，且缺乏网络道德教育的专业团队，思想政治理论课的老师担任了全校系统性的道德教育内容讲授任务，但讲授内容往往更注重传统道德方面，而涉及网络道德的内容较少。高校网络德育不能适应网络环境对德育的需要。高校网络道德教育明显滞后于网络的发展，也是大学生网络道德失范的重要原因。①

4. 网络法律法规不够健全

网络成为一种新的客观环境已成事实，但本该伴随环境而生的网络法律法规却相对滞后，网络自身的缺陷给大学生网络道德失范提供了机会。一方面，网络生活的开放性与隐蔽性较大，但规定性欠缺。这里的规定性包括法律法规、道德规范和技术规范。网络最大的特征就是开放性与隐蔽性，这使得大学生在网络社会里遭遇了完全与现实社会不同的境遇，他们可以不用通报、申请而在网络上发表言论，并且在网络社会里不受现实生活里那些道德准则的约束。另一方面，互联网是多种文化融合的地方。充斥着一些与社会主义核心价值观相违背的普遍价值观和新的社会思潮。由于大学生思想还不够成熟、理想信念不够坚定、判断力不够强大，在外部环境刺激下，大学生很容易被无政府主义和历史虚无主义的思想左右，进而引发网络道德失范行为。

三、新时代大学生网络道德教育对策建议

互联网是社会生产力发展的产物。随着网络时代的到来，“我们面临的战争是信息化战争，思想政治工作过不了网络关就过不了时代关”②。通过分析大学生网络道德失范的表现和成因，从网络的具体环境来看，网络道德教

①黎影，杨成. 大学生网络道德失范问题及其对策[J]. 教育探索，2011(08).

②习近平全军政治工作会议讲话[N]. 人民日报，2014-11-02(01).

育要想贯穿整个媒体时代，必须从两个维度来控制，即大学生网络道德失范前后，应坚持预防性教育，辅以警告和惩罚，制定协调、全面的实施对策。

（一）预防教育是主要方法

1.加强大学生网络道德素养

思想支配着外在行为，行为是内在思想的表现。马克思说：“道德的基础是人类精神的自律。”[①]这表明，个人自制力对良好道德品质的养成具有重要作用。大学生网络道德失范行为受到网络道德思想的控制。因此，预防大学生网络道德失范最终必须培养他们的网络道德素质。首先，充分运用全媒体技术，办好网络道德教育课程。通过网络道德课程的开设，由外向内地引导大学生学习网络相关法律法规、明确网络道德评价标准，消解网络是道德真空区的误解。借助全媒体，把网络道德内容普及到各类媒体上，做到无网不有、无时不有、无处不有，使得大学生在上网过程中潜移默化地认识网络道德的利弊，提高大学生网络道德意识，杜绝网络滥用现象。其次，把网络道德内容纳入班级大会、网络道德主题宣讲等活动中去，引导大学生自我学习、自我教育，通过内在思想的转变减少外在网络道德失范行为。

2.社区普及网络道德知识

加强社区网络道德的宣传，有助于提升居民网络道德意识和清晰网络言行评价的尺度，以填补大学生家庭网络道德教育的缺失和改善同辈环境带来的不良影响。因此，首先要加强社区网络道德普及工作者队伍的建设，队伍的建设是开展社区网络道德宣传活动的基础。其次，要注重社区网络道德宣传人员专业水平的提升，专业知识的掌握是开展社区网络道德宣传的核心。最后，把握社区网络道德宣传的重点，即活动开展的时间、地点、方式方法、覆盖人员等，这是社区网络道德宣传活动的重点。除了传统的设点宣传外，还可以运用全媒体技术之便，在社区张贴栏、社区广播等介体中进行网络道德普及，这样更具有灵活性和便利性。

3.加强校园管理力度

校园是大学生生活的重要场所，与大学生行为习惯的养成息息相关，把网络道德思想纳入校园文化体系，校内各部门奔着弘扬风清气正的网络道德

①马克思恩格斯全集：第1卷[M].北京：人民出版社，1995：119.

文化这同一个目标而协同配合，以达到有效预防大学生网络道德失范行为发生的目的。首先，宣传部肩负着加深整个校园文化普及程度的重任，借助校园广播、微信公众号、校园官网等媒介，紧紧围绕网络道德内容，利用全媒体特点，大力宣传网络规章制度，以形成自觉遵守网络道德规范的氛围。其次，校团委等部门可定期开展网络道德宣讲和网络道德知识竞赛，加强对网络道德的学习。再次，心理健康中心等可开展心理测试普查，对潜在网络道德失范行为的大学生进行干预。最后，技术部可通过网络监控排查大学生网络道德失范行为可能发生的时间点、学生群，从而进行干预。

4.净化网络环境

全媒体给大学生的道德建设带来了新的土壤和机遇，但电子空间所带来的道德张力，给大学生道德建设也提出了新的挑战。解决全媒体的网络监管滞后问题，加强网络信息的筛查，给大学生营造一个积极健康的网络环境，是减少大学生网络道德失范行为的重要环节。全媒体蕴藏着无数的信息，网络中充斥着暴力、犯罪、盗版、色情等不良信息，给大学生道德认知、道德情感和道德行为带来了不良后果，如道德认知混乱、道德情感淡漠、道德行为失范等。所以，网络相关部门要杜绝诸类不良信息的发布，构建和谐健康的网络环境，引导大学生形成正确的网络道德观，担当起网络道德的遵守者、监督者、传播者的重任，培养大学生应对不良诱惑的素质，用道德和法律的眼光辨别和筛查信息，自然而然地杜绝网络道德失范行为的发生。

（二）警告处罚是辅助手段

实施规章制度，不是为了统治谁，而是为了维护大家共同的利益。无论是法律法规还是校纪校规都带有一定强制性，这既是最后一道防线，也是最有力度的教育。

1.健全网络法律法规

为了规范大学生的网络行为，提升大学生网络道德素养，制定一套健全的法律法规是很有必要的。首先，法律具有强制作用。凡法令禁止的都是不可逾越的红线，须行法令允许内的事情。通过法律法规的学习，大学生可以学到自己能做什么，不能做什么，什么行为是合法的，什么行为是违法的。其次，法律具有预测作用。大学生通过对法律的了解，明白什么程度的违法将受到什么程度的制裁，以此来自觉调节在全媒体环境下的网络行为，避免网络道德失范。再次，法律具有规范作用。当大学生网络道德失范达到违法程度，必然接受法律的处罚，这既是对违法大学生的校正，也是给其他大学生的一个例证。最后，法律法规的健全，有助于净化网络环境，扭转网络社会的不良风气，净化大学生的网络道德心灵。因此，在信息技术高度发达的全媒体环境下，加强网络立法势在必行。

2.严格校纪校规

首先，比起网络法律法规的制定，校纪校规的制定对大学生更具有针对性和可实施性。校园网络道德规范守则是为提升大学生网络道德素质而量身定做的规章制度，能让大学生做到具体问题具体分析，因此更具有实用性。其次，比起弘扬校园网络道德文化的作用，校纪校规更具有强制性。大学生具有遵守网络道德规范守则的义务，也有引导网络道德行为规范的责任。校园网络道德文化的提升和校园网络伦理规范的制定是相互依存的。一方面，校园文化的推广有助于大学生遵守学校的规章制度；另一方面，学校规章制度的实施将为促进校园文化建设创造良好的环境。最后，把大学生网络道德规范与否纳入评奖评优的规则中去，既有助于大学生网络道德素质的提升，也为优秀大学生评选提供了参考依据。

网络载体视域下大学生意识形态教育探赜

马　鑫①

摘　要：网络载体在大学生意识形态教育过程中的不断运用，丰富了意识形态教育载体，拓展了意识形态教育方式，扩展了意识形态教育资源。但与此同时，也带了诸如教育主体去中心化淡化意识形态教育的主导性、网络载体多样化冲击意识形态教育的规整性、教育内容复杂化挑战意识形态教育内容的科学性、教育过程互动性增加意识形态教育的风险性等问题。面对如此挑战，亟需从整合教育主体，增强意识形态教育的主导性、加强载体监管，增强意识形态教育的规范性、坚持内容的守正创新，确保意识形态教育内容的导向性、统筹教育过程，彰显意识形态教育的实效性等维度加以考量，以期提升网络载体视域下大学生意识形态教育的实效性。

关键词：网络载体；意识形态教育；机遇；困境；路径

党的十九大报告指出："意识形态决定文化前进方向和发展道路，必须推进马克思主义中国化时代化大众化，建设具有强大凝聚力和引领力的社会主义意识形态，使全体人民在理想信念、价值观念、道德观念上紧紧团结在一起。"②高校作为一个相对开放的思想交流平台，不可避免地聚集了诸多思想

①马鑫，1995年生，女，汉族，重庆长寿人，研究方向：网络思想政治教育。本文荣获重庆市第十届马克思主义研究生论坛二等奖。

②党的十九大报告辅导读本[M].北京：人民出版社，2017：41.

观念,其中难免有部分不符合我国主流意识形态的思想存在,极大地影响了大学生正确价值观念的养成。加之网络载体的广泛普及,“各种新型传播载体成为西方势力对中国进行意识形态渗透的绝佳选择,”[①]从而在相当程度上造成了部分大学生价值迷失,信仰迷茫的状况。面对“意识形态领域斗争依然复杂”[②]的严峻态势,加强大学生意识形态教育就显得尤为迫切,特别是着重探讨网络载体视域下大学生意识形态教育具有重要的理论意义与实际意义,并逐渐成为学界探讨的重要课题。

一、网络载体给大学生意识形态教育带来的三重机遇

(一)丰富了意识形态教育载体

教育载体是承载着一定教育信息的中介,是整个教育活动得以进行的基础。在以往意识形态教育中,教育者主要运用课堂等传统载体进行意识形态的灌输与涵养,从而确保了意识形态教育的实效性。但由于传统教育载体种类单一、深受时空限制等固有缺陷不能使教育实效性有效彰显。随着现代通信技术的发展,以微博、微信、论坛等为主的网络载体日益涌现,并逐渐应用于教育过程,极大地丰富了意识形态教育载体,凸显出传统载体不可比拟的优越性。一是网络载体具有开放性。相较于传统载体而言,网络载体的丰富性与开放性有效拓展了意识形态教育的育人时间与场域,从而确保了教育者在意识形态教育过程中不缺位、不失位,有效贯彻了全过程全方位育人的既定方针,继而增强了意识形态教育的实效性。二是网络载体具有平等性。网络载体的运用使教育者与受教育者逐渐处于平等地位,彼此既是意识形态教育内容的接受者,又是意识形态教育内容的传播者与制造者,有效拉近了教育者与受教育者之间的距离,能够有效提升意识形态教育的实效。总而言之,网络载体种类丰富、形式多样、跨越了时空界限,在相当程度上缓解了传统教育载体的固有弊端,有效丰富了教育载体的形式,为意识形态教育实效性的有效凸显夯实了物质基础。

---

①郭海成,陈猛.互联网时代我国主流意识形态传播面临的挑战及对策[J].重庆邮电大学学报(社会科学版),2018(03).

②党的十九大报告辅导读本[M].北京:人民出版社,2017:9.

(二)拓展了意识形态教育方式

教育方式是教育主体在实际教育教学过程中为达到其既定目标所采取的一系列教育原则、教育手段与教学方法的总称。毫不讳言,教育方式是否得当在很大程度上决定着教育效果,意识形态教育亦是如此。传统教育载体视域下,意识形态教育借助教育者对传统载体的绝对掌控,通过抽象概念、逻辑判断等特定话语体系向教育对象灌输相应的价值原则与道德标准,这种理性教育方式凸显出严密的逻辑性与高度的抽象性。但随着教育对象权利意识的觉醒、网络载体的出现,以灌输为主的理性教育方式的特有弊端日益凸显,并致使理性教育方式逐渐式微,继而在一定程度上消解了传统意识形态教育的既定效果。当今部分大学生厌恶严肃刻板的理论教育,喜好感官刺激的直观体验。恰逢网络载体在意识形态教育中的应用,为广大学生提供了可视化的图片视频等学习资料,将晦涩理论活泼化、抽象理论可视化。此种感性教育方式,增强了大学生对意识形态内容的理解与把握,提升了学生对意识形态教育的认同,进而提高了意识形态教育的实效性。网络载体的运用革新了意识形态教育的方式与方法,教育者务必有效整合理性教育方式与感性教育方式,寻求二者平衡,坚持因事而化、因时而进、因势而新的基本方针,从而增强高校意识形态教育的实效性。

(三)扩展了意识形态教育资源

教育资源从本质上而言是指教育者指导教育对象完成既定学习目标的显性或隐性的教学组成要素,其本身承载着一定的教育功能。在依托传统教育载体的教育过程中,教育资源大多为经过详细推理,逻辑清晰、结构完整的理论教材与理论读物。此类教育资料多采用说理性的叙事风格、论证式的叙述方法,将抽象的理论知识、严肃的政治话语以及严密的学术话语融入其中,减少了传播受众、缩小了传播范围,继而致使意识形态教育效果不佳。随着网络通信技术的发展,网络载体作为一种承载着意识形态教育功能的新兴教育载体不断应用于教育过程,发挥着一定的意识形态教育功能。相较于传统教育载体而言,网络载体具有信息数量海量化的特征、信息传播快捷性的特色、传播手段兼容性的特质以及传播方式交互性的特点,无疑彰显了网络载体的独特优势。网络载体视域下,方便快捷的信息自由流通,无门槛的信息发布与获取渠道,各种教育资源充分涌入,极大地丰富了意识形态教育资源,为我国大学生的意识形态教育提供了丰富的教育素材与案例,有效弥补了传统载体视域下意识形态教育资源不足的问题,在一定程度上满足了大学生的求知欲,进而提升了我国大学生意识形态教育的实效性与有效性。

二、网络载体视域下大学生意识形态教育困境的四重体现

(一)教育主体去中心化淡化意识形态教育的主导性

教育主体是教育活动的领导者、决策者、组织者、发动者和实施者,是对一定教育对象实施教育行为的主动承担者。教育主体是整个教育活动有效进行的逻辑起点,其专业技能、教学方法等综合素质的高低在很大程度上决定着教育效果。在以传统教育载体为主的教育活动过程中,教育主体极其单一,他们普遍经过层层筛选,具备高超的专业技能与较高的思想道德素质,普遍信仰马克思主义,具有坚定的共产主义理想信念,以此为基础构成的教育主体具有明显的阶级导向性和权威性,从而确保了意识形态教育功能的正向发挥。但随着网络信息技术的不断革新,网络载体作为一种全新的教育载体逐渐涌入教育过程,并备受青睐。在网络载体不断发展壮大的背景下,教育主体单一化、权威化的基本格局被彻底打破,教育主体不断凸显多元化的特色,社会化的特征,个人化的特性。网络载体视域下,个体凭借技术优势即可完成身份转变,成为新的教育主体,他们根据自身喜好随时发布消息,有效丰富了教育资源。但教育主体自身素质、专业技能和政治信仰等方面的差异,必然导致教育主体出现良莠不齐的状况,致使各种非马甚至反马的意识形态观念在社会、校园广泛传播,消解原有意识形态教育的既有影响。西方敌对国家势必会培植"代理人",通过网络载体对我国进行猛烈攻击,尤其是对大学生进行价值观和意识形态的输出,以便达成分化、西化我国的目的。意识形态教育的重要性不言而喻,正如尼克松所言,如果我们在思想战争中输掉,我们所有的武器、条约、贸易、对外援助以及文化纽带都将无济于事。随着网络载体在意识形态教育过程中的普遍运用,势必导致教育主体的去中心化,从而为西方敌对势力提供了价值输出的主体与途径,消解了我国意识形态教

育的主导性。

(二)网络载体多样化冲击意识形态教育的规整性

网络载体是指在教学过程中,以网络信息技术为基础,现代科技为依托,通过计算机网络使教育主体与教育对象进行互动交流的工具。随着技术的不断进步,网络载体在高校意识形态教育中的运用愈加广泛,并逐渐在意识形态教育过程中扮演着重要角色,更成了整个教育过程顺利进行、教育效果即时显现的重要保障。在传统教育过程中,意识形态教育主要借助管理载体、文化载体和活动载体等得以进行,教育载体形式单一,教育受众面较小且有较强的可控性,保证了意识形态教育的规范性,较少出现失范行为,从而确保了高校意识形态教育的实效性。随着技术的不断发展,教育载体日益更新并逐渐凸显多元多样化的特征。诚然,传统教育载体在意识形态教育中依旧存在并持续发挥其教育作用,但其实效性持续降低已是不争的事实。现今,以微博、微信为主的网络载体在意识形态教育中备受关注,基于其传播速度快、影响受众广、互动性高、形式多元多样等特点,增强了教育者与教育对象间的联系,增进了教育对象对教育内容的认知与认同,有效促进了网络载体在高校学生意识形态教育中的教育与引导功能。但与此同时,基于网络载体是一个弱控制场域,具有形式多样且不便管控等特点,必然会给意识形态教育的规整性带来极大冲击。"网络空间最大的魅力在于其自由性"①,网络载体亦是如此。过度的自由必定导致行为失范,西方敌对国家定会加紧运用网络载体这一渠道对我国大学生进行价值观念的输出与意识形态的渗透,致使各种不符合我国主流意识形态的错误论调在网络空间肆意传播,在相当程度上混淆了学生视听,从而极大地冲击了意识形态教育的规整性。

(三)教育内容复杂化挑战意识形态教育内容的科学性

教育内容是整个教育过程的基本构成,其质量是教育实效性得以凸显的根本保证。既然教育内容是整个教育过程的基本内核,那么其质量就必然决定着教育效果。倘若教育内容健康积极,符合高校学生的根本利益与社会发展大势,找准学生的"关切点"与"痛点",必定深受教育对象的喜爱与欢迎,有

---

①唐旭昌,王奇珅.网络空间视域下社会主义核心价值观培育的若干重要问题探讨[J].重庆邮电大学学报(社会科学版),2018(03).

利于意识形态教育实效的提升；反之，则会滞缓教育内容在师生群体中的有效传播，从而弱化了意识形态教育的实效性，甚至在一定程度消解了原有意识形态教育的影响。在运用传统教育载体的教育过程中，意识形态教育内容大多来自思想政治理论课专业教材。教材的编写、审定、出版都经过层层审查，多重商榷，理论知识系统完备，价值导向正确，凸显了坚定的社会主义信仰，极具政治性和强制性，能够有效确保我国意识形态教育朝着既定轨道进行，从而有力维护了意识形态教育的权威性与科学性。随着网络载体不断运用于意识形态教育过程，各种思想文化、价值观念纷纷假借新型传播载体涌入高校校园，频频抢占话语领地与受众，其中不乏“普世价值”“自由主义”“无政府主义”等与我国社会主义主流意识形态相悖的思想观念，由此可见，网络载体视域下意识形态教育内容复杂化也已成为事实。纷繁复杂的信息加大了对意识形态教育内容的审查、筛选与管控难度，不少属性不明、目的不纯的内容隐藏其中，给我国意识形态教育埋下了隐患，进一步挑战了我国意识形态教育内容的科学性与权威性。

（四）教育过程互动化增加意识形态教育的风险性

教育过程是指教育主体根据相应的教育目标、任务和教育对象的自身特点，通过一定的载体指导学生系统掌握相应教育内容的全过程。它是一个系统完备、层次分明、动态有序、结构完整的有机体，教育过程作为贯穿整个意识形态教育的中枢，其质量决定了教育实效性。在传统教育载体时代，整个意识形态教育处于“教育主体—教育对象”的两级模式中，在这金字塔式的教学结构中，教育主体享有绝对的权威性和主导性，教育对象只是被动接受教育内容，沦为一个存储知识的“容器”。教育主体与教育对象之间缺乏有效的互动交流，整个教育过程按照既定的方向进行，虽然略显沉闷，但较为规范平稳，有效确保了意识形态教育的顺利进行，很少出现由于教育过程互动化而产生的失范行为，保障了意识形态教育实效性的凸显。但随着网络载体运用于意识形态教育全过程，教育主体与教育对象的界限日趋模糊化，每个人都成了教育内容的制造者、传播者与接受者。至此，意识形态教育不再是一个由上而下、层级分明的理论灌输过程，而逐渐形成一个双向互动、网状联系的话语发散过程。在这一新型互动化的教育过程中，传统教育主体与教育对象之间的等级关系被打破,教育对象的自主性得到极大提升,而教育主体的绝对权威遭受挑战并削弱了其对教育过程的掌控,更加大了对教育对象进行社会主义意识形态有效灌输与教育内容有效审查的难度,从而在相当大的程度上增加了意识形态教育的风险性。

三、网络载体视域下纾解大学生意识形态教育困境的四重维度

习近平总书记指出:“意识形态工作是党的一项极端重要的工作,”[①]这就从全局的角度体现了加强意识形态工作和意识形态教育的必要性。意识形态工作从本质上而言就是政治工作,意识形态教育从根本上来说亦是政治教育,二者互相关联,不可偏废。随着网络载体不断运用于意识形态教育全过程,在给意识形态教育带来诸多机遇的同时也带来了不可小觑的挑战。面对如此态势,亟须从整合教育主体、加强载体监管、创新教育内容、统筹教育过程等四个维度加以思考,从而提高网络载体视域下大学生意识形态教育的实效性。

(一)整合教育主体,强化意识形态教育的主导性

网络载体的多元性不可避免地带来了意识形态教育主体的多样化、去中心化,极大地淡化了我国社会主义意识形态教育的主导性,为此整合教育主体,增强意识形态教育的主导性成了必然选择与实然要求。一是坚持思想政治理论课教师的主导地位。在我国坚持思想政治教育和加强意识形态教育在本质上是一样的。思政课教师大多接受过良好的意识形态教育,具有坚定的政治方向与深厚的理论素养,他们是意识形态教育过程中的主导因素与主导力量。基于此,坚持思政课教师的主导地位对于增强意识形态教育的实效性大有裨益。二是尊重学生主体性的发挥。学生是整个意识形态教育过程中的主体性因素。传统教育载体时代,由于教育理念、教育方法和教育器具等原因,学生一直处于受教育的被动地位,逐渐沦为消极接收知识的容器。而随着网络载体的广泛应用,学生在整个教育过程中的地位发生了变化,教育者与教育对象的界限日益模糊,教育对象的主体性日益增强,学生自我教

①习近平.习近平谈治国理政[M].北京:外文出版社,2014:153.

育的功能得以不断凸显。为此,尊重学生主体性的发挥有利于提升意识形态教育的实效性。三是团结网络意见领袖。网络意见领袖在网络空间中拥有大量的拥趸与话语权,愈发凸显出教育与引导功能。当代大学生作为“网络原住民”,深受网络空间中信息的影响。为此,务必团结网络意见领袖,广泛传播符合社会主义核心价值观和社会主义意识形态的消息,继而提升意识形态教育的实效性。约而言之,我们务必坚持一体两翼的基本原则,坚持以思想政治理论课教师为主体,同时发挥学生自我教育与网络意见领袖的价值引导功能,整合教育主体,凸显教育合力,增强意识形态教育的实效性。

(二)加强载体监管,增强意识形态教育的规范性

随着信息技术的不断发展,教育载体的具体形态也发生了诸多变化,网络载体的广泛运用,给意识形态教育的有效管理带来了诸多挑战,因此务必加强网络载体监管,确保意识形态教育目标的实现。第一,掌握核心技术,是确保网络载体教育功能发挥的基本前提。马尔库塞指出:“社会控制的现行形式在新的意义上是技术的形式。”[①]网络技术中必定内嵌着一定主体或阶级的思想、观念等意识形态内容。众所周知,网络核心技术掌握在西方国家手中,其中暗含的资产阶级思想消解了我国既有社会主义意识形态教育的实效性。为此,务必抓紧研发新技术,争取掌握网络核心技术与网络载体有效监管技术,确保我国网络载体的安全,增强我国意识形态教育的实效性。第二,加强网络载体相关立法。规范网络载体传播内容是确保网络载体长效发展的必然选择。个人权利意识的觉醒与网络载体的广泛运用导致网络言论自由化逐渐凸显,而“网络言论自由的最大化必然要求法治的最大化。”[②]网络空间不是“法外之地”,只有完善相关法律法规,为网络载体的有效监管提供合法性依据,有效构建规范网络载体使用、明确网络载体传播内容等在内的一系列法律法规体系,才能确保网络载体监督的切实有效。第三,培养专业人才。加强网络载体的有效监管,更新技术是基本前提,完善法律法规是重要保障,而培养分析研判的专业人才是坚持网络载体始终传播社会主义意识形态的核心所在。正如习近平总书记所言:“媒体竞争关键是人才竞争,媒体优

①赫伯特·马尔库塞.单向度的人[M].刘继,译.上海:上海世纪出版集团,2008:9.

②陈娜.论提升网络意识形态话语权的四重维度[J].思想理论教育,2017(06).

势核心是人才优势。”[①]只有牢牢抓住专业人才这条主线,培养一批既懂网络载体传播又懂意识形态理论的专业性复合型人才队伍,才能有效发挥网络载体的正向功能,继而确保意识形态教育的规范性。

(三)坚持内容的守正创新,确保意识形态教育内容的导向性

教育内容是整个教育实践活动的核心,教育内容是否科学合理、系统完备决定着教育的实效性。随着网络载体在大学生意识形态教育过程中的广泛运用,教育内容愈发凸显复杂性与不可控性,为此,务必坚持教育内容的守正创新,以期提升教育效果。第一,守正就是要坚持马克思主义的指导地位。习近平总书记指出要:“巩固马克思主义在意识形态领域的指导地位。”[②]在我国大学生意识形态教育的过程中,不少非马甚至反马的内容借助网络载体,并采取隐匿化的方式对我国大学生进行意识形态输出,相当程度上造成了我国大学生思想上的混乱,削弱了教育效果。基于此,高校意识形态教育的内容务必始终坚持马克思主义的根本指导地位,从而确保教育内容不过期不变质。第二,创新就是坚持意识形态教育内容的政治化与生活化。意识形态历来都是凸显统治阶级思想意志的集合体,政治化是它的根本属性。在原有教育载体视域下,我国意识形态教育话语具有明显的阶级性与强制性,发挥着重要的政治导向作用。但随着网络载体的广泛使用,原有政治化的话语逐渐式微,其教育影响力日渐消散。为此,务必在坚持政治性原则的基础上加强意识形态教育内容的生活化、日常化建设,寓晦涩难懂的意识形态教育内容于生动活泼的话语体系之中,进而增强意识形态教育内容对大学生的吸引力。我们务必坚持教育内容的守正创新,确保意识形态教育内容的导向性,继而有效增强大学生意识形态教育的向心力与科学性。

(四)统筹教育过程,彰显意识形态教育的实效性

意识形态教育过程既是实践教育活动的具体流程,又是教育者与教育对象不断互动的过程。教育的进行及效果的凸显是一个阶段性、过程性的事物,正如恩格斯所言:“世界不是既成事物的集合体,而是过程的集合体。”[③]为

①习近平.习近平谈治国理政:第二卷[M].北京:外文出版社,2017:333.

②习近平.在纪念马克思诞辰200周年大会上的讲话[N].人民日报,2018-05-05.

③马克思恩格斯选集:第四卷[M].北京:人民出版社,2012:250.

此，确保意识形态教育的实效性务必统筹教育过程。一是意识形态教育的准备阶段，此阶段是整个意识形态教育过程得以顺利进行的基础，其主要任务是发现意识形态教育中存在的问题，继而确定相应的教学方法与教学目标，最终制定相应的教学方案，概括起来就是解决“教什么”“怎么教”的问题。二是意识形态教育内容的交流阶段，此阶段是整个意识形态教育过程的核心环节。意识形态教育过程本质就是一个信息传递过程，主要包括了教育者主动向教育对象传递教育内容和教育对象自主选择教育内容这两个基本过程。三是意识形态理论的内化阶段，此阶段是整个意识形态教育是否具有实效性的关键所在。意识形态教育的实效性就是要让“社会主义核心价值观”“中国梦”等具有鲜明社会主义色彩的意识形态理论深深地镶嵌到受教育者的大脑中，让教育者与受教育者做到真懂真信，并将其转为理想信念。四是意识形态教育的外显阶段，即将内化的理论外化为一定的具体行为。如针对近期瑞典的辱华视频事件，国内外的网友纷纷谴责，这就是将内化的意识形态理论外化为具体行为的有力呈现，也是我国社会主义意识形态教育实效性的有力彰显。五是意识形态教育反馈调节阶段，此阶段是有效提升教育成效的有力保障。通过相应教育效果的反馈能够及时发现教育过程中仍存在的部分问题，随即采取相应措施予以调整、解决并优化，进而为有效提升教育效果提供一定的理论指导与实践指南。约而言之，以上五个部分构成了整个意识形态教育过程，它们彼此之间相互联系、相互依存。我们务必有效统筹教育过程，确保在网络载体环境下牢牢把握意识形态教育的主方向，进而有效提升与彰显意识形态教育的实效性。

当代大学生政治认同培育路径探析

柴丽娜[①]

摘　要：大学生是国家的未来、民族的希望，其政治认同不仅关系到自身发展，在一定程度上还关系到国家民族的前途命运。当前，部分大学生由于不良社会思潮泛滥、政治认同形塑外部环境有待净化、高校政治认同教育实效性不足，以及迫切的现实问题等影响，存在政治认知欠缺、政治情感淡漠和政治动机功利化等问题。为此，应当从凝聚共识、改善治理、创新改革、激发情感等方面增强当代大学生政治认同。

关键词：政治认同；大学生；思想政治教育；路径

政治认同是指公民对某种政治权力的认同，即公民对某种政治权力的承认、赞同和同意，并且自觉地以该政治权力的要求来规范自己的政治行为。[②]它是人们内心深处对所属政治系统在情感上的归属或依附，本质上是社会公众对政治权力的信任和对政治价值的信仰。习近平在高校思想政治理论课教师座谈会上强调："青少年是祖国的未来、民族的希望。我们党立志于中华民族千秋伟业，必须培养一代又一代拥护中国共产党领导和我国社

①柴丽娜，1996年生，女，汉族，江西上饶人，研究方向：网络思想政治教育。本文荣获重庆市第十届马克思主义研究生论坛三等奖。

②李素华．政治认同的辨析[J]．当代亚太，2005(12)．

会主义制度、立志为中国特色社会主义事业奋斗终身的有用人才。”[①]大学生的政治认同状况，不仅关系着大学生自身思想政治素质的提高，还关系着党的长期执政、国家的长治久安、社会的和谐稳定。因此，分析大学生政治认同问题，探讨其有效提升路径，对促进我国政治发展具有重要意义。

一、当代大学生政治认同存在的主要问题

当代大学生政治认同包含诸多矛盾，其基本矛盾就在于社会所要求的政治认同与大学生政治认同现实状况之间的矛盾，这一基本矛盾通过一系列具体矛盾表现出来，且贯穿大学生政治认同教育过程始终，主要体现在大学生政治认知欠缺、政治情感淡漠、政治动机功利化这三个方面。

（一）政治认知欠缺

当代大学生政治认知欠缺，其实是对政治理论及制度理解不足，说到底就是对政治问题关心不够。具体体现为政治认知表面化和片面化。首先，是政治认知表面化。以中国近现代史纲要等政治理论课程为例，多数学校考核方式主要为考勤、课程论文和开卷考试，考勤合格的情况下大多能够通过考试并拿到不错的成绩。实际上，部分同学对政治理论考试抱有“应试”态度，心里未形成稳固理论体系，对中国特色社会主义的道路、理论和制度等认知模糊，未深刻理解内在。其次，是政治认知片面化。部分大学生的政治认知较为片面，头脑中没有全面、系统的政治认知。如个别大学生认为贫富不均是由改革开放导致的，且对我国发展道路存在偏激看法。这种错误观点就是由于对政治认知片面造成的。另外，除了对政治理论及制度的理解程度差异，年龄和性格等方面的差异也使得每个人对中国特色社会主义道路、理论、制度的认知程度和认同程度存在一定差异。

（二）政治情感淡漠

政治情感淡漠主要为认同态度中带有一定冷漠和疏远，具体表现为对政治活动的不参与或消极参与。现阶段大学生，从小学课堂就开始接受教育者

①习近平：用新时代中国特色社会主义思想铸魂育人贯彻党的教育方针落实立德树人根本任务[EB/OL].人民网.http://politics.people.com.cn/n1/2019/0318/c1024-30982084.html.2019-03-18.

灌输的符合社会发展的主流价值观念以及正确的思想导向教育，在政治认同方面，绝大多数持有认同观念。然而提及“政治”，还是会有很多人感觉与自己存在一定距离，或者感觉“政治”其实就是说教，因而，即使他们持有认同的观念，也在实际生活中对政治行为存在一定的想法上的偏差和疏远。在大学生中最为明显的一个例子是，部分大学生积极加入党组织，但是回归实际却存在着差距。一些大学生为了争取入党，按照规定学习党课，接受党的先进理论知识，公共场合热心积极，私下却不乐于参与政治活动与政治理论学习；甚至个别学生入党以后经常请假或无故缺席党组织生活会，学习生活中也不再发挥模范带头作用，这种行为严重影响了党员的光辉形象，政治情感淡漠导致的政治责任感同政治参与的不平衡、冷漠看待政治格局等也会给身边同学的政治认同带来不好的影响。

（三）政治动机功利化

当前传播媒介的迅猛发展，使得大学生或多或少接触到各种政治信息，且易于将政治关注点与实际生活联系起来。随着改革开放的深入，市场经济背景下的一系列如“效率优先”“利益最大化”等思想使得少部分人一味追求一己之私，视利益需求为政治参与的首要动机，其政治认同取向呈现出日益功利化的特征。部分大学生因未完全步入社会大环境，政治阅历少，政治价值取向上易受影响，易与经济利益结合，表现出一定的功利性。受市场经济影响，校园里形成了“务实”的社会氛围，影响部分大学生的价值取向。如用人单位在招聘中常常将是否为党员作为评价一个毕业生是否优秀的标准；某些企业在招聘中，甚至明确将学生干部、党员作为接收简历的条件。一些大学生绞尽脑汁在毕业前拿到“党员资格”，这是“务实”趋向在入党动机上的典型反映。在自身切实利益面前，一些人以实用主义及功利主义为准则，过度关注自身发展而忽略政治理想，对现行发展道路的学习更是微乎其微。这种功利化倾向动摇当前大学生的政治理想和政治信仰，进而削弱大学生政治认同的心理基础。

二、影响大学生政治认同形塑的主要因素

大学生之所以出现政治认知欠缺、政治情感淡漠、政治动机功利化等问题，主要是由不良社会思潮、政治认同形塑外部环境、思想政治教育实效性、迫切的现实问题等因素导致。

（一）不良社会思潮借全球化与互联网阻碍大学生政治认同形塑

一方面，不良社会思潮借全球化开放格局涌入我国阻碍我国大学生政治认同形塑。随着全球的深入，价值观的选择日趋多元。[①]全球化的开放性格局使得外来文化迅速涌入我国对外开放的大门，在带来借鉴的同时也带来了一系列具有冲击力的多元价值观，影响我国民众思想观念及价值取向日趋多元化。大学生处于青年阶段，精力旺盛、好奇心强烈但思考不够理性，积极响应全球化的同时也较易受到外来文化的渗透和影响，如不可避免地会触及历史虚无主义、享乐主义、功利主义等消极思潮。这些不良社会思潮渗透到大学生日常生活中会削弱中国特色社会主义核心价值观等主流意识形态的权威，给意识形态工作带来更为严峻的形势。要考虑到，其他国家的价值取向及意识形态等与我国存在差异，甚至某些观点上存在对立，为此，外来文化思潮是否符合我国当前文化背景及主流价值观还值得思考和商榷。

另一方面，不良社会思潮借互联网媒介影响大学生政治认同形塑。据中国互联网络信息中心发布的第43次《中国互联网络发展状况统计报告》[②]，截至2018年12月，我国网民规模达8.29亿人，网民以中青年群体为主，20～29岁年龄段占比最高。大学生多处于这个年龄阶段，可以说，网络已经成为大学生学习生活中不可或缺的一部分，大学生大多用网络检索信息，通过网络了解国家大事，因而网络也成为影响大学生政治认同的一个重要因素。当前是信息大爆炸的时代，网络作为政治文化传播的重要载体，为大学生获得信息提供便利，也丰富了大学生的政治文化生活。但也不能忽视网络给大学生政治认同教育带来的一些负面影响，如网络的普及性使得不同民族、不同宗教的人视其为发表言论的自由舞台；网络信息的纷杂性也易导致大学生政治价值观混乱，影响大学生对主流意识形态的认同；网络的渗透性使得新媒体轻而

①张驰，王燕.对大学生政治认同教育的几点思考[J].学校党建与思想教育，2018(04).

②中国互联网络信息中心.第43次中国互联网络发展状况统计报告[EB/OL].(2019-02-28)，http://www.cnnic.cn/hlwfzyj/hlwxzbg/hlwtjbg/201902/t20190228_70645.htm.

易举地走入大学生的网络生活，对大学生意识形态安全构成威胁。大学生政治认知还处于建立阶段，现代社会中的种种诱惑和挑战，易动摇大学生的理想信念，加上网络上的部分负面社会新闻，也一定程度上消解了大学生的理想信念，给大学生政治认同带来一定程度的挑战。

（二）政治认同形塑外部环境有待净化影响大学生政治认同

我国正处于并将长期处于社会主义初级阶段，在建设中国特色社会主义社会的过程中尽管取得巨大成就，但仍有不成熟、不完善的地方。当前我国进入社会体制转型的关键时期，变革取得较大成就的同时，也凸显诸多问题，引发一系列矛盾：城乡矛盾、区域矛盾、行业矛盾等。体制转型过程中暴露出来的问题难免会对部分大学生造成影响，也使执政党面临更为严峻的考验。比如腐败现象，很大程度上损害人民群众的利益，削弱人们对执政党的信任，动摇党的执政地位。理想与现实的对立会使大学生对政治生活产生困惑和怀疑，进而影响大学生政治认同。就大学生来说，由于心理、文化水平、知识结构、社会阅历等因素的影响，看待社会问题容易偏激，若不加以正确引导，便可能陷入对国家体制改革的认知误区。政治认同是认同主体在心理层面的肯定和归属，同主体的心理预期有紧密联系。部分大学生看待问题的眼光不够深入，政策的实行若满足其心理期望则可强化其对认同的肯定，反之则消解认同甚至产生怀疑。可以说，国家政策的制定和政府决策的实行直接影响大学生政治认同。

（三）思想政治教育实效性不足淡化大学生政治认同

思想政治教育是大学生政治认同形塑和培育的主渠道，其实效性影响政治认同形塑效果，要想增强大学生政治认同实效性，需要“去短板”。当前，思想政治教育存在亲和力不够、针对性不强、感召力不足等短板。

其一，是思想政治教育亲和力不够。主要体现为思想政治教育的话语体系缺乏亲和力。教育者在教学过程中只注重课堂知识的转移，“灌输式”“填鸭式”的单一授课模式使思想政治教育成为重复的机械劳动，教学效果枯燥无味，难以激发大学生的学习兴趣。部分教师一本教材走到底，并不能做到理论知识与实际情况融会贯通，而学生也大多被动地接受。其二，是思想政治教育针对性不强，主要体现为思想政治教育的教学内容未及时贴近当前热点。教材内容的滞后现象在所难免，可教育者的教学内容滞后于现实的发展却不合规范，教育者需合理地根据时代发展对教学内容再加工，并将加工后的新内容用学生们喜闻乐见的方式表达，努力形成学生知情意行相统一的政治认同。其三，是思想政治教育的感召力不足。主要体现为政治活动回应乏力以及教育者榜样作用不到位。多数大学生参与政治活动期望得到反馈，无回应及回应乏力都会影响到大学生的政治认同，思想政治教育者积极引导和回应能促进大学生对政治生活的参与积极性从而增强政治认同。另外，部分学校辅导员不注重自身言谈举止，对当前最新的理论及研究成果关注不够，对大学生关心的社会热点、焦点问题关注及回应较少；同大学生的沟通交流不够；辅导员伴随大学生整个大学生涯，其一言一行对大学生有潜移默化的影响。亲其师，信其道，高校辅导工作者的优秀榜样作用在一定程度上会带动大学生以同样的规范要求自己的行为，并自然而然地会把对教育者的感情迁移到政治认同中。

（四）迫切的现实问题使得大学生难以充分关心政治问题

大学生面临的激烈社会竞争和巨大就业压力是导致大学生政治认同淡漠的一个重要因素。当今社会竞争日益激烈，大学生即将步入社会，面临“求学、就业、成家、立业”等重要人生课题。自我的认同、学业的成败、职业生涯的规划等都会给大学生无形的压力，并带来心理上的困扰，使得多数大学生忽略政治生活而更为关切贴近现实生活的就业问题，一定程度上阻碍了大学生政治认同。

2019年6月10日，麦可思研究院在北京发布的《2019年中国大学生就业报告》显示，2018届大学毕业生就业率为91.5%，本科毕业生“受雇工作”的比例为73.6%，连续五届下降。[①]大学毕业生数量猛增，就业压力也逐年递增，大学生就业问题成为当前突出的问题之一，也成为当代大学生面临的最严重的困扰。更为现实和紧迫的生存竞争压力使大学生普遍聚焦于与自己切身利益相关的就业。因此，在面临现实选择和时间分配上，过多关注自身就业问题而对政治教育、政治活动缺乏热情，对政治活动的参与与否带有“功利主

①就业蓝皮书：2018届大学毕业生就业率为91.5%[EB/OL]. 新华网.http://www.xinhuanet.com//fortune/2019-06/11/c_1210156279.htm.(2019-06-11).

义"色彩，直接以其自身利益为衡量标准。许多大学生在初入大学之际就已经在为毕业后的就业做准备，花费大量时间专心研学专业知识和技能，努力考取各类证书，积极加入学生会及社团锻炼自己等等。这样就导致大学生没有多余的精力关注政治方面，所以对政治制度等了解不够。渴望"知识改变命运"的大学生难以接受"毕业即失业"这种理想与现实的落差，若对现实的失望充斥内心却一直未得到改善，势必会减弱大学生的政治认同。

三、增强大学生政治认同的路径

要有效增强大学生政治认同，解决大学生政治认同问题，应从凝聚共识、改善治理、创新改革、激发情感等路径考虑。

（一）凝聚共识：加强主流价值观教育，厘清大学生政治认同思路

在面对全球化趋势，西方国家对我国意识形态领域不断进行渗透的情况下，加强以中国特色社会主义核心价值观为指导的政治认同教育就成了高校思想政治教育工作的一个重点所在。社会主义核心价值观是社会主义核心价值体系的内核，是马克思主义在中国特色社会主义的新发展，能够使当代大学生在价值多元化的紊乱下厘清思路、凝聚思想共识，为大学生政治认同树立指向标。同时，加强主流价值观也要求我们弘扬民族精神，以爱国主义为核心的民族精神是社会主义核心价值体系的重要组成部分。加强主流价值观教育，首先要坚持传承优秀传统文化和吸取优秀时代精神相结合。民族意识具有历史性，也具有时代性，思想政治教育工作不仅要继承我国传统文化的精髓，还要吸收时代精神的精华。其次，要重视实践教育。单有理论的学习是不够的，民族意识的培养需要重视实践教育，从而让大学生在知行统一中增强政治认知与政治认同。

（二）改善治理：营造清朗网络空间，提升媒体舆论正向引导

一方面，完善网络整改技术，加大网络监管力度，营造积极网络舆论环境，传播网络正能量。大学生使用手机浏览信息、语音聊天等已成常态，对网络的喜爱和依赖渐强，受的影响也渐大，这种情况下，网络环境的好坏成为影响大学生政治认同的一个重要因素。网络具有交互性、包容性、便捷性等特

点，合理运用可以起到事半功倍的效果，若被别有用心的人利用也会产生极大的负面效果。因此，要严格加强网络舆情监管，过滤不良网络信息，控制其传播扩散速度与范围。另外，也要营造积极的社会舆论环境，借助网络宣传社会主义主流价值观，帮助大学生树立正确的政治认同观念。在网络信息传播上可以借鉴传播学的议程设置理论，再以正能量的意见领袖正面引导舆论，减少不良信息和错误观念带来的影响，从而帮助大学生对政治生活有正确的认识进而增强大学生的政治认同。

另一方面，利用网络正向引导，加强教育与新媒体的融合，提升媒体舆论正向引导。随着时代及技术的迅速发展，新兴媒体对大学生的影响已超过传统媒体，网络成为大学生获取资讯信息的主要途径。网络使用不当导致的负面影响如网络沉溺、政治认同冷漠等，也可利用网络积极引导解决。首先，巧妙利用新媒体加强对大学生的正确引导。大学生积极使用网络新媒体，对新鲜事物接受能力强，若将传统思想政治教育内容巧妙融于热门新媒体，会激发大学生的兴趣从而增强认识。其次，在媒体文化环境下，加大宣传新时代精神，提倡社会主义主流价值观，利用媒体渠道广泛传播能充分体现民族精神的动人故事及新时期我国取得的巨大成就，以此坚定大学生对中国特色社会主义的自信，激发他们的政治认同。最后，提升主流媒体的舆论正向引导。媒体的交互性使得人们直接参与传播全过程，人人皆可主动参与媒体的舆论和传播，媒体把关人要积极掌握议程设置原理，引导舆情往正面态势上发展。

（三）创新改革：加强引导理性看待问题，完善高校政治认同教育体制机制

一方面，要引导学生理性看待问题，消除大学生政治认同疑惑。面对社会体制转型带来的诸多问题和矛盾，首先，高校思想政治教育工作者需正视实际情况并加以分析，正确引导大学生理性对待个人利益和国家利益的关系，理性对待我国社会、经济和政治改革取得的成果。努力激发大学生的积极性、主动性、创造性，让大学生乐于参与政治生活，从而推动政治认同工作的进展。其次，需消除大学生政治认同心态上的困惑。这就要求中国共产党作为引领者，必须做好自身建设，保证自身廉洁、清正，这样才能正确带领广大青年群体。若党自身不加强基础建设，势必会严重影响到青年政治认同工

作的进展。因此,党的建设应作为一个重点,紧抓党政廉政建设,增强社会综合治理,对违法乱纪行为加大惩处,为社会创造良好的风气和氛围,只有这样,才能以身作则引导良好的政治愿望。

另一方面,加强自身改革,完善高校政治认同教育体制机制。高校思想政治教育应把政治认同看作教育工作的首要任务,改革高校思想政治教育体系可从以下三个方面考虑。首先,改革高校思想政治教育课程的教学内容。"课程改革和建设的实质是要根据理论与实践的发展,对教学内容不断创新,使课程不断发展和完善。"[①]教学内容要与时俱进且贴近大学生生活,从大学生的发展及成长需要出发,围绕大学生的职业理想进行科学安排和严格考核,如此才能达到思想政治教育实践教学的初衷。其次,充分发挥教师积极引领作用。一是思想政治教育教师应具备扎实专业知识,熟练掌握马克思主义真理,引导学生树立坚定的中国特色社会主义共同理想和信念。二是思想政治教育教师需知识渊博,不仅要提高马克思主义理论修养,还要广泛涉猎相关领域。三是思想政治教育教师需掌握语言的艺术,能合理将新理论用大学生乐于接受的语言方式表达出来,使大学生收获教材以外的知识财富,给他们带来启发及思考。此外,教师不仅要在思想上进行积极引领,还要在行为上引领升华,身教重于言教,以身作则增强高校思想政治课程的感染力。最后,高校思想政治理论课程内容随时代进行了不断的创新和发展,其教学方法也需要不断随之创新发展,如此一来才能提升高校思想政治理论课程的针对性、实效性,从而促进大学生对高校思想政治理论课程的认同。

(四)激发情感:搭建政治认同保障平台,教育与心理辅导融合促进认同

激发大学生政治认同情感需要搭建大学生政治认同利益保障平台、制度保障平台及心理健康保障平台。首先是搭建大学生政治认同的利益保障平台。充分的物质资料是广大青年参与政治生活的前提,只有在物质资料充分、丰富的基础下,广大青年群体才能够有更多的闲暇和精力去更多地参与到政治活动中。其次,搭建政治认同制度保障平台。大学生处于青年阶段,是人的需要发展的一个高峰,在此阶段,大学生渴望公平公正的政策以实现平等发展。这种情况下,要关注与大学生自身利益最贴近的热点问题——就

---

①顾钰民.把创新作为思想政治理论课建设的着力点[J].教学与研究,2006(06).

业，尽力营造良好的就业环境，鼓励创新创业，尽可能地保障青年的就业权；完善社会保障体系，维护青年群体，尤其是弱势青年群体的社会保障权；关注青年民主权利，保障每一个大学生都能平等地参与国家事务；拓宽大学生政治参与渠道，不断规范大学生政治参与；等等。此外，还应为大学生建立合理的心理健康保障制度，增强青年心理承受能力，创造性地将学生思想政治教育工作同心理健康辅导相结合，对高校辅导员进行周期性、规划性的培训，有针对性地开展教育工作，使学生对政治体系的认识形成健康体系，从而增强政治认同，达到维护我国社会稳定的目的。

加强新时代大学生党员政治意识培育的思考

刘　娇[①]

摘　要：大学生党员的政治意识是其能否坚定初心、牢记使命，按照奋斗目标不断前进的重要因素。随着中国特色社会主义进入新时代，大学生党员政治意识面临新问题、新挑战，进一步强化大学生党员政治意识的工作显得更为迫切。增强大学生党员政治意识，需要以问题为切入点，坚持整体性、协调性原则，用党的科学理论培育人、风清气正的网络环境培养人、严格的党支部教育塑造人，增强大学生党员政治意识培育的实效性。

关键词：新时代；大学生党员；政治意识；培育

政治意识是指一个人的政治思想、政治观点以及对于政治现象的态度和评价，强烈的政治意识表现为坚持正确的政治方向，坚定政治信仰，坚守政治原则，站稳政治立场。习近平总书记在庆祝中国共产党成立95周年大会上指出："全党同志要增强政治意识、大局意识、核心意识、看齐意识，切实做到对党忠诚、为党分忧、为党担责、为党尽责。"[②]政治意识在"四个意识"中处于核心地位，可见其在全面从严治党中的重要意义。大学生党员作为党的新鲜血液，增强其政治意识是巩固主流意识形态主导地位的必然需要，是加强党的

①刘娇，1995年生，女，汉族，重庆奉节人，研究方向：马克思主义理论。本文荣获重庆市第十届马克思主义研究生论坛三等奖。

②习近平．习近平在庆祝中国共产党成立95周年大会上的讲话[N]．人民日报，2016-07-02(02).

政治建设的必然要求，是培育担当民族复兴大任时代新人的必经之途。增强大学生党员政治意识，是一项长期复杂的系统工程，需要中国共产党、大学生党员自身、高校和社会共同努力，采取科学全面的措施来增强大学生党员政治意识教育的有效性。

一、新时代增强大学生党员政治意识的重要性

随着中国特色社会主义进入新时代，世情、国情、党情都发生了深刻变化，中国特色社会主义迎来新的发展机遇，但各种危险和考验也更加尖锐地摆在全党面前。新时代的大学生党员作为同辈群体中的先进者，作为实现中华民族伟大复兴的中国梦的主力军，增强其政治意识对于巩固主流意识形态的主导地位，加强党的政治建设，保持党的肌体健康和培育时代新人都有不可替代的意义。

（一）巩固主流意识形态主导地位的必然需要

政治多极化和文化多样化的深入发展，促使世界各国的思想文化相互交融、相互碰撞。国内外各种错误的价值观念不断冲击着马克思主义在我国的主导地位，这些错误思潮的传播造成了不容忽视的社会影响力和破坏力。中国共产党作为世界上最大的无产阶级政党，维护党中央权威是其根本要求和基本原则，也是其保持旺盛生命力的秘诀所在。巴黎公社失败后，马克思和恩格斯在总结其经验教训时就指出了维护党中央权威的重要性和必要性。习近平总书记在吸取无产阶级政党发展经验和总结其理论成果的基础上指出，党员同志特别是党员干部必须牢固树立政治意识、大局意识、核心意识和看齐意识，维护党中央权威和集中统一领导，切实保证全党服从中央。新时代大学生党员作为接受党的先进理论教育的优秀知识分子，只有旗帜鲜明地讲政治，才能始终同党中央保持高度一致；才能勇于同国内外各种错误思潮做斗争，并在斗争中增强对党的认同感、归属感，从而在多元思潮中站对政治方向、站稳政治立场、坚定政治信仰，社会主义主流意识形态的主导地位才能更加稳固。

(二)加强党的政治建设的必然要求

党的十九大指出,党的政治建设是党的根本性建设,决定党的建设的方向和效果。[①]全面从严治党背景下,党的政治建设取得显著成效,中国共产党的执政地位得到进一步巩固。但也有部分党员同志存在理想信念不坚定、对党不忠诚、无视党规党纪 、个人主义思想突出等问题,其原因就在于部分党员同志政治意识不强。全面加强党的领导,推动全面从严治党持续深入发展,必须增强全党同志的政治意识。加强党的政治建设,要求保证全党服从中央、严格执行党的政治路线、严守党的政治纪律、严肃党内政治生活、净化党内政治生态。另外,还要在增强政治觉悟、提升政治能力上下功夫。旗帜鲜明讲政治是我们党一贯的优良传统,也是大学生党员必须具备的基本政治素养。为此,大学生党员要做到在政治方向上把好舵,不忘初心,始终坚持为共产主义事业奋斗终身的努力方向。在政治立场上站稳脚,始终牢记人民的立场是中国共产党的根本立场,保持同人民群众的血肉联系,切实做到以人民为中心,全心全意为人民服务。在纪律规矩上严守线,遵守国家法律,遵守党章党规,守好共产党人的底线,做忠诚干净担当的新时代中国共产党人。

(三)培育担当民族复兴大任时代新人的必经之途

习近平总书记在纪念五四运动一百周年的讲话中指出:“实践充分证明,中国青年是有远大理想抱负的青年!中国青年是有深厚家国情怀的青年!中国青年是有伟大创造力的青年!无论过去、现在还是未来,中国青年始终是实现中华民族伟大复兴的先锋力量!”[②]中华民族伟大复兴的中国梦的实现,需要新时代青年不忘初心、牢记使命,担当责任。强化政治意识,是党一贯以来的特有优势和优良传统,也是全面从严治党的首要任务,更是评判合格党员的重要标准。大学生党员作为新时代青年中的先进者,必须发挥先锋模范作用,义无反顾担当起民族复兴的大任。担当民族复兴大任的时代新人,是有强烈文化自信、道路自信、理论自信、制度自信的中国青年,是中国青年中有强烈政治自信的当代大学生党员。坚持政治自信,增强政治意识,是作为坚定的马克思主义者的必然要求,是培育担当民族复兴大任时代新人的

①习近平.决胜全面建成小康社会夺取新时代中国特色社会主义伟大胜利——在中国共产党第十九次全国代表大会上的报告[N].人民日报.2017-10-19(01).

②习近平.在纪念五四运动100周年大会上的讲话[N].人民日报,2019-04-30(01).

必经之途,是实现中华民族伟大复兴的必需保障。

二、新时代大学生党员政治意识培育中存在的问题

缺乏马克思主义信仰是导致部分大学生党员政治意志不坚定的重要原因。伴随社会信息化的发展,信仰不坚定、信仰缺失甚至信仰错误等问题日益显现,意识形态领域的斗争从未停歇。中国共产党一直很重视党员同志特别是大学生党员政治意识的培育。高校党支部作为发展培育大学生党员的主阵地,在强化大学生党员政治意识上具有不可替代的作用。经过长期不懈的努力,大学生党员政治意识的培养已取得一定实效,但总的看来,仍存在一些不足之处。

(一)党性修养不够,政治方向不明

1921年,在嘉兴南湖的一条游船上,中国共产党诞生了。面对内忧外患、民族危机的境遇,中国共产党始终坚持将马克思主义作为指导思想,广大党员满怀革命理想,在争取民族独立的斗争中英勇献身。新中国成立后,在极端困难的社会主义革命和建设时期,广大党员同志不畏艰辛,勇于探索,艰苦创业,始终走在建设社会主义祖国的前列。他们将马克思主义理论运用于中国实际,在实现中华民族站起来和富起来的实践中,党性得到极大锻炼,确立了马克思主义信仰,坚持了正确的政治方向。新时代的大学生党员出生在物质资料比较丰富的新世纪,没有经历极端困苦的革命年代,无法在“求民族独立,人民解放”的实践中加强党性修养。虽然大部分大学生党员同志能够自觉学习马克思列宁主义、毛泽东思想、邓小平理论、“三个代表”重要思想、科学发展观和习近平新时代中国特色社会主义思想,牢记党的性质宗旨,坚定理想信念,始终为共产主义事业而奋斗。但也有部分大学生党员经历了高中的刻苦学习,大学时代出现懒惰颓废的现象,不仅不好好学习专业理论知识,更不能做到通过自我教育、自我改造、自我完善来加强道德修养,提高党性水平。部分大学生党员因为党性修养不够,对坚持中国特色社会主义道路、实现中华民族伟大复兴的政治方向不明确,不清楚自己的使命担当,不能很好地践行全心全意为人民服务的宗旨,也不能自觉地履行党员义务。

(二)多种思潮冲击,政治立场动摇

全面从严治党背景下,各级党组织发展党员的要求和程序更加严格,把住了保持党的先进性和纯洁性的总开关。党员在入党前都要进行积极分子培训和党章党规的学习,接受预备期考察,进行思想汇报,党员质量得到保障。大学生党员作为年轻一代,接受能力强,接受教育快,能明白当代中国共产党员必须坚持中国共产党的领导,坚持社会主义道路,坚持全心全意为人民服务的宗旨,入党时政治立场坚定。但另一方面,互联网的接入和普及,在给人民生活带来便捷的同时也产生了一些负面影响。开放的网络促进了各种非马克思主义思想的传播,少数政治立场不够坚定的大学生党员受到多种思潮的冲击,盲目崇拜西方的思想文化,偏信其中危害我国社会和谐稳定的不良文化。没有充分认识到我国在社会主义现代化建设中取得的成就,片面夸大我国在社会主义建设中出现的一些社会问题,甚至偏向西方的资本主义道路。国内外一些不法分子正是利用了这部分大学生党员的缺点,采取各种方式宣扬反动思想,进而蛊惑更多其他群体对党的领导产生怀疑,对社会主义道路产生怀疑,甚至赞成"全盘西化",政治立场动摇,这种消极影响不可忽视。

(三)入党动机功利,政治信仰分化

老一辈无产阶级革命家在为祖国独立、人民解放的斗争中抛洒热血,在反对外来入侵的斗争中更加坚定对马克思主义的信仰,本着全心全意为人民服务的信念,经过长期锻炼考察加入中国共产党,入党后便动机不改,信仰坚定。改革开放是中国经济快速发展的开始,社会主义市场经济的实行是中国经济腾飞的助推器,目前中国跃升为世界第二大经济体。但西方实用主义、个人主义等腐朽思想也随之渗透到社会生活各个领域,这些错误的思想使一些大学生党员的信仰产生危机,甚至对马克思主义产生怀疑,对共产主义感到迷茫。就业是民生之本,如今高校扩招,硕士博士毕业生日益增多,大学生在毕业时面临激烈的就业竞争。为了能在就业中占据优势,部分大学生积极入党,想以党员身份为自己在激烈的就业竞争中赢得先机,导致实用主义和个人主义的崇拜,产生功利心理。坚持中国共产党的领导是中国特色社会主义最本质的特征。中国共产党作为执政党,其先进性和纯洁性使它在社会主

义中国有旺盛的生命力。社会上对干部职位的晋升多是党员优先，这就促使受“官本位”思想影响的学生带着功利之心向党组织靠拢。这些实用主义、利己主义思想的盛行，使有些大学生虽然在组织上入了党，思想上却没有真正入党。有的大学生党员以自我为中心，功利主义思想突出，社会责任感缺失，纯粹为了个人利益而入党，出现党性不纯，思想不端的情况，不能坚定对马克思主义的信仰、对社会主义和共产主义的信念，政治信仰分化。

三、新时代大学生党员政治意识存在问题的原因分析

大学生党员作为青年学生中的优秀代表，在实现中华民族伟大复兴的历史进程中担负着重要的使命。要完成这样艰巨而光荣的历史使命，大学生党员必须要有强烈的政治意识。增强大学生党员的政治意识，需先找到大学生党员政治意识存在的问题，然后深刻分析其原因，才能找到针对性的解决措施。

（一）信息化时代网络发展带来的挑战

改革开放带来的西方国家先进的科学知识和技术促进了我国政治、经济的迅猛发展，也促进了文化的繁荣兴盛。互联网的接入和普及，为各国思想文化的传播提供了便捷的渠道，大学生党员的思想政治观念在各种西方思潮与中国主流思潮的碰撞和融合中不断发展变化。西方的一些思潮中虽有值得我们借鉴的地方，但如“实用主义”“个人主义”“利己主义”等思想，也试图借助网络这一载体用资产阶级的价值观念冲击我们的主流意识形态，对我们进行政治价值观的渗透和同化，大肆宣扬利己主义思想，否定社会主义道路，否定中国共产党的领导。而大学生党员由于世界观、人生观、价值观还没有完全巩固成形，面对网络上庞杂的信息，辨别力不够，在进行“网上冲浪”的时候难免受到不良思潮的影响，出现政治立场不坚定的现象。

（二）高校党支部未能充分发挥教育引导功能

高校党组织在大学生党员的发展、审查和培育的过程中起着重要的作用，既是党员发展的把关人，又是党员培育的引路人。而部分高校党组织在教育培养大学生党员的过程中，忽视入党前政治教育的重要性，存在理论学

习不够深刻,实践效果不够有效等问题。还有的党支部发展党员偏重学生的学习成绩和参加社会实践活动等情况,忽视了对发展对象内心思想世界的考察;偏重对发展对象直系亲属政治问题的审查,缺乏对其本身政治素养的全面考察,使一些入党动机不纯,政治意识不强的人入了党。入党后在对大学生党员进行教育上,缺乏严肃性和系统性,没有按期开展大学生党员政治教育,一些组织活动、支部会议形式主义突出。还存在高校党支部干部对党员同志的关心不够,忽视部分党员同志政治意识淡化的问题,导致一些党员同志的政治意识难以得到及时的强化。

(三)大学生党员的特殊性

大学生党员自身的特殊性是其政治意识存在问题的主观因素,主要包括两个方面。第一,中学阶段少有入党机会,大学生党员多数都是进入大学之后才入党,因此党龄较短。他们在党内接受政治教育的时间不长,部分学生对马克思主义理解不深,对中国特色社会主义道路把握不准,对党的路线方针政策认识不透。在面对当前复杂的政治经济社会问题时,很难进行正确的分析和判断,特别是面对社会和网络上一些敌对势力故意传播的不正确思潮时,容易迷失方向,误入歧途。第二,大学生党员虽然生理已经成熟,但心理处于急剧变化期,虽然经过党的教育,确立了对马克思主义的信仰、对共产主义和社会主义的信念,但马克思主义的世界观、人生观、价值观还没有完全巩固。他们思想不成熟,面对纷繁复杂的外部世界,面对各种各样的诱惑,难免信念动摇,选择错误。

四、新时代大学生党员政治意识的培育路径

党的十九大报告把党的政治建设放在党的建设的首位,这是在中国特色社会主义进入新时代的背景下,党深刻总结历史经验和发展规律而做出的伟大决定。增强大学生党员的政治意识是加强党的政治建设的重要环节。新时代大学生党员政治意识的培育,要从问题出发,坚持整体性和协调性原则,注重措施的针对性和实效性。

(一)用党的科学理论武装头脑,夯实思想根基

当前,有些大学生党员由于政治意识不强,而存在信仰模糊,精神空虚的现象,个别大学生党员甚至不信马克思主义而信其他。增强大学生党员的政治意识,要用党的科学理论武装头脑,夯实其思想根基,引导大学生党员坚定崇高的政治信仰。第一,加强理论灌输,使大学生党员充分认识到马克思主义的科学性、实现共产主义的必然性,从而自觉树立为共产主义事业奋斗终身的坚定信念。第二,强化实践锻炼、促成知行转化。要引导大学生党员在社会实践中,在校园生活中自觉使用马克思主义的立场、观点和方法分析问题、解决问题。在实践检验中体现马克思主义的科学性、真理性,始终确保马克思主义的指导地位。

(二)大学生党员加强自我教育

增强大学生党员的政治意识,离不开制度的约束和环境的熏陶,更离不开大学生党员自身的学习与强化。大学生党员自身应在日常生活中加强自我教育。第一,大学生党员除了按照规定接受党组织的政治教育以外,更应该自觉主动利用自己空余时间学习党章党规,学习马克思列宁主义、毛泽东思想以及中国特色社会主义理论体系,坚定理想信念,树立为共产主义事业奋斗终身的崇高理想。第二,大学生党员应该充分利用各种新媒体平台,关注国家大事,了解党的最新方针政策,在与西方价值观和资本主义意识形态的斗争中增强对党组织的认同感、归属感,自觉维护党中央权威,始终坚持党的集中统一领导。第三,大学生党员要加强党性修养,积极践行社会主义核心价值观,不断加强党性锻炼,提高政治觉悟和政治本领,始终忠诚于党,忠诚于人民,把人民对美好生活的向往作为自己的奋斗目标。第四,作为网民的大学生党员要时刻自律。在使用网络的过程中增强辨别能力,面对网上出现的各种思想,明是非,会判断,站稳政治立场。在网络上发布信息更要谨言慎行,所言所行必须严格遵守党章党规,不该说的话坚决不说,不该做的事坚决不做,严守法律道德底线,做守法守规的合格网民。

(三)着力加强高校党支部建设

习近平总书记强调:“加强党对高校的领导,加强和改进高校党的建设,

是办好中国特色社会主义大学的根本保证。”[①]高校党支部是对大学生党员进行管理教育的最直接的基础组织，承担着发展和培养优秀党员的重要职责，因此高校党支部应把好大学生入党关，政治意识教育强化关，把大学生党员政治意识教育培养作为一项极端重要的工作常抓不懈。第一，以严格的党纪党规约束人。遵守党纪党规是大学生党员最基本的要求，全面从严治党要从每个党员抓起、从每个基层党支部抓起。因此，高校党支部应建立严明的组织纪律，严格的政治纪律，并且将这些纪律落实到每一位党员同志身上，严格约束每一位同志的个体行为。第二，以常态化政治教育塑造人。将线上线下教育相结合，既利用“两微一端”等新媒体形式开展线上政治教育活动，又严格“三会一课”制度，认真学习领会党的路线方针政策和上级党组织的决议指示，使党员的政治意识得到及时强化，确保每位党员立场不动摇，思想无偏差。第三，党支部可举办一些丰富多彩、针对性强的专题教育实践活动，使大学生党员在日常的组织生活中将政治意识内化于心，外化于行。

(四)建设风清气正的网络生态环境

习近平总书记在十九大报告中指出：“要加强互联网内容建设，建立网络综合治理体系，营造清朗的网络空间。”[②]网络是信息的重要载体，其为大学生党员获取信息、增长知识提供了便捷渠道，但又因其虚拟性、去中心化等特点带来一些负面影响。面对网络这把双刃剑，我们需要扬长避短，在各方共同努力下建设一个风清气正的网络空间，使网络成为增强大学生党员政治意识的强化剂。第一，完善网络法律法规。现行互联网相关法律法规的不完善性，给了敌对分子和敌对势力打擦边球的机会，他们瞄准一切时机在网上恶意传播反对中国共产党、反对社会主义中国的内容，严重影响广大青年的成长。面对互联网发展带来的许多新问题，国家应直面应对，不断完善相关法律法规，让互联网不再是法外之地，不予任何错误思潮以可乘之机。第二，政府需要加强监管。政府作为社会的管理者，不仅要维护好现实世界的秩序，更需要在比较复杂难管的网络社会发挥作用。政府要加强对网络行为的监测、网络信息的筛选、网络舆情的处理和引导，弘扬主旋律，传播正能量，把住

---

①习近平.在高校党建工作会议上的讲话[N].人民日报，2014-12-30(01).

②习近平.决胜全面建成小康社会夺取新时代中国特色社会主义伟大胜利——在中国共产党第十九次全国代表大会上的报告[N].人民日报.2017-10-19(01).

网络信息发布的总开关，守住网络空间的一方净土。第三，广大网民应加强自我约束。自觉遵守网络道德规范，遵守法律法规，不做谣言的发布者与传播者，合理合法使用网络。还要发挥主人翁精神，积极监督举报网上出现的不利于大学生党员政治意识培育的不良信息，让各种错误思潮无繁殖生长的土壤，让所有人的努力汇聚成磅礴力量来建设风清气正的网络空间。

增强大学生党员政治意识对保持党的先进性、纯洁性，巩固党的执政地位，巩固主流意识形态的主导地位，加强党的政治建设具有十分重要的意义。但大学生党员政治意识的培育也不可能一蹴而就，需要在自身、社会和高校的长期共同努力下，使大学生党员真正能够坚持正确政治方向，坚定政治信仰，坚守政治立场，做政治上的"明白人"。进而不断提高政治鉴别能力，自觉与各种错误的政治思想做斗争，在不断的教育中，不断的斗争中担负起实现中华民族伟大复兴的历史重任。

剪纸文化融入大学生思想政治教育的价值及路径探析

张萌萌　逄志华①

摘　要：剪纸文化是中国传统文化的重要组成部分，弘扬中华优秀传统文化是高校思想政治教育的重要内容。剪纸文化融入大学生思想政治教育既是思想政治教育生活化的实践要求，又是锤炼大学生精神品格的内在要求，也是剪纸文化创新发展的现实要求。剪纸文化融入大学生思想政治教育可以丰富大学生思想政治教育资源、拓展教学方式，从树立正确的融合观念、优化整合课程体系、聚合教学方式方法三个维度推动剪纸文化融入大学生思想政治教育，有利于提升大学生思想政治教育的亲和力与时代性。

关键词：剪纸文化；思想政治教育；大学生

中国剪纸是人类非物质文化遗产，其所具有的创作理念、技艺手法、表现形式、精神品质等与思想政治教育的功能以及思想政治教育目的有着一定的契合性。习近平指出："举精神之旗、立精神支柱、建精神家园，都离不开文艺……文艺在培育和弘扬社会主义核心价值观方面具有独特作用。"②剪纸文化也是传

①张萌萌，1995年生，女，汉族，河南沁阳人，研究方向：网络思想政治教育；逄志华，1990年生，女，汉族，河南封丘人，研究方向：网络思想政治教育。本文荣获重庆市第十届马克思主义研究生论坛二等奖。

②习近平．在文艺工作座谈会上的讲话[N]．人民日报，2015-10-15.

承中华优秀传统文化、培育和践行社会主义核心价值观、弘扬伟大民族精神等的重要载体，其融入大学生思想政治教育之中有着重要的价值。在高校学生群体中，加强剪纸文化的宣传，引导大学生提升对剪纸文化的欣赏、理论构建与实践能力，不仅可以拓展大学生视野、强化动手实践能力，还可以增强大学生的民族自豪感、坚定文化自信等。剪纸文化中的思想政治教育可以作为新时代大学生思想政治教育的一种重要补充，成为思想政治教育隐性教育的有效实践。

一、剪纸文化融入大学生思想政治教育的价值

习近平总书记提出："要坚持显性教育和隐性教育相统一，挖掘其他课程和教学方式中蕴含的思想政治教育资源。"[①]思想政治教育的发展要汲取其他课程的教学内容、方式方法等与思想政治教育相融合。剪纸文化融入大学生思想政治教育，挖掘其思想政治教育功能，发挥隐性教育作用，更有利于坚定文化自信，传承中华优秀传统文化，提升思想政治教育的亲和力与时代性，促进大学生美育发展。

（一）思想政治教育生活化的实践要求

思想政治教育要源于生活、贴近生活、融入生活，为更好实现思想政治教育生活化，提高思想政治教育的亲和力，可以深入挖掘剪纸文化中思想政治教育素材。剪纸文化体现人们的风俗习惯，涌现出许多技艺精湛、深植爱国情怀的人物、事件等，为思想政治教育提供了生动的教材。

1.丰富大学生思想政治教育资源

从题材来看，剪纸所表现的内容体现着中国精神，如爱国主义、勇于奋斗、敢于创造、坚忍不拔等。多数人对剪纸文化停留在"窗花"这个概念上，一代又一代的剪纸艺人寻求创新，传承技艺，将剪纸应用到更多、更广的领域，这彰显了中华民族的创新进取和艰苦奋斗精神。在新中国七十华诞之际，河南漯河职业技术学院14名师生，耗时4个月制作完成剪纸作品《开国大典》。整幅作品长7.8米，宽2.2米，粘贴部件多达3500多个，其要经过设计、染色、刻

①习近平．用新时代中国特色社会主义思想铸魂育人贯彻党的教育方针落实立德树人根本任务[N]．人民日报，2019-03-19.

制装裱等多个工序。这幅作品饱含师生们的爱国主义精神、开拓创新精神。剪纸艺人的作品中包含“爱国情怀”“淳朴刚毅”“坚韧不拔”等精神品质，是中国剪纸文化的优秀代表，他们在作品中表达着爱国、高尚、淳朴等情怀。所以，在剪纸文化教育课程的教材中，有着很多可以用于思想政治教育的内容，这些内容可以培养大学生正确的人生观和价值观。

从创作过程来看，剪纸作品的创作需要长久的磨炼、较强的逻辑思维能力，需要量的积累才有质的飞跃。每一名剪纸艺人都要耐住寂寞、潜心钻研、勇于创新，创造与时俱进的剪纸作品，传承剪纸文化的精华。深入学习剪纸种类、表现形式等相关理论，其蕴含道德、审美、心理健康等丰富的思想政治教育资源。剪纸文化中的实践经历可以磨砺大学生的意志，锻炼其思维与动手能力，培养其耐心、细致、永不言弃的处事态度。剪纸文化融入大学生思想政治教育，促进思想政治教育生活化，既能丰富思想政治教育的资源，又能提升思想政治教育的亲和力与感染力。

2.拓展大学生思想政治教育教学方式

思想政治教育已不再局限于传统的灌输式教育，而是能够积极借鉴其他学科教学方式，促进思想政治教育教学方式多样化。剪纸文化融入思想政治教育有利于满足新时代大学生美好生活需求，提升思想政治教育的感召力。

思想政治教育贯穿于剪纸课程。一方面，在欣赏与互动中对大学生进行思想政治教育。首先，在欣赏讲解的过程中大学生可以了解到剪纸艺术家的人生经历、剪纸观念、剪纸风格等内容为思想政治教育提供了丰富的素材。剪纸文化中包含的品质、素养、象征或启迪等隐育部分被受教育者所感知并消化，也就形成了美育中的思想政治教育。其次，互动交流、各抒己见发挥主客体良性互动，既可以了解更多剪纸相关方面的知识，开阔大学生的视野，又能帮助大学生厘清剪纸创作的思路。大学生可以深入了解剪纸作品的内涵、表现形式，剪纸艺人的艰辛等，发挥思想政治教育的功能。另一方面，在剪纸实践操作中对大学生进行思想政治教育。剪纸艺人创造剪纸作品，需要较强的逻辑思维、耐心、毅力、创新等，大学生在实际操作过程中可以体会到剪纸艺人的不易与深厚情感，激发大学生的民族文化认同感与爱国情怀，坚定文化自信。剪纸文化融入思想政治教育可以拓展思想政治教育方式，典型的人物事件促进思想政治教育生活化发展，使大学生在隐性教育中树立正确的价值观。

(二)大学生锤炼品格的内在要求

1.强化爱国主义精神,坚定文化自信

中国的民俗文化是我国各民族在上下五千年的历史中不断创造、传承发展起来的生活文化,反映我国各民族特有的文化心理和风俗习惯,对人们的日常生活产生深远的影响。我国剪纸分布广、种类多,内涵丰富。学习剪纸文化,有力挖掘思想政治教育素材,能够加强大学生对中华优秀传统文化的认知与认同,有助于其树立正确的文化观,从而提升大学生的爱国主义情怀,坚定文化自信。

一方面,剪纸文化一定程度上孕育了民族精神。“一个民族的风俗习惯、待人处事无不反映着民族精神。”[①]我国中小学开设美育课程,大学也应开设相应课程,剪纸文化是美育课程建设的体现。挖掘剪纸文化中蕴含的民族精神,对大学生进行爱国主义、创新、奋斗意识教育,培养大学生高度的民族文化认同感,既能传承优秀的剪纸文化,又能弘扬民族精神,坚定文化自信,实现中华民族伟大复兴。另一方面,剪纸艺人具有浓厚的使命感与担当意识。剪纸文化一代代传承,剪纸艺人勤学苦练,担负着走出国门、为国争光的责任感和使命感。近年来,剪纸作品走出国门的报道不断涌现,剪纸艺人担负着创新传承剪纸文化、推动剪纸走向世界的使命与责任。甘肃农民付忠民创作剪制的《古丝绸之路全图》打破世界上最长的剪纸长卷世界纪录,让世人更好地了解了古丝绸之路与中国剪纸的魅力。大学生了解到剪纸名家创制作品的不易,学习其自强不息、敢于创新精神;当优秀作品被世人所称赞熟知,民族自豪感油然而生、文化自信倍增。这对培养新时代大学生的爱国主义情怀、集体主义观念、创新精神、奋斗精神等具有重要的现实意义。面对当前各种错误思潮,剪纸文化融入思想政治教育更有利于培养大学生树立正确的价值观,坚定文化自信。

2.提升大学生思维能力,激发创造力

当今社会人才竞争愈发激烈,思维力与创造力是衡量人才的重要标准。剪纸的创制过程,往往可以锻炼大学生的逆向思维能力,与大学生思想政治教育的目标具有耦合性,有效化解了传统教学方式的弊端,有利于激发大学生的创造力。

---

①顾明远.中国教育的文化基础[M].太原:山西教育出版社,2004.69.

一方面，在创制剪纸作品时需要较强的逆向思维能力。随着时代的发展，人们生活方式发生改变，为了剪纸文化不落后于时代，剪纸艺人将剪纸元素应用到易被人们接受并熟知的领域。在制作剪纸作品时，常常会运用到逆向思维方式，根据所剪图形思考好纹样、分配协调图形，即必须先要考虑到形状、大小面积等。剪纸传承人几秒钟之内就可以剪出你想要的艺术品，栩栩如生的剪纸作品是剪纸艺人强大思维能力的体现。另一方面，较强的想象力与思维能力是创造力的基础。想象力是我们人类所特有的宝贵财富，但其往往会随着年龄的增长、年级的升高、生活负担的加重等多种因素而降低。剪纸课程可以使大学生的想象力更加丰富，激发其创造活力。同时，大学生可以结合剪纸图形、颜色等各方面的寓意，根据自己的人生阅历及对事物的敏锐观察能力，创制出精美作品，此过程也可以锻炼学生的想象力。

3.提高大学生的审美观，增强人文素养

伴随着互联网信息技术与中华传统文化创造性转化创新性发展，剪纸文化受到越来越多人的关注。剪纸作品也因时代不同而有所创新，人们欣赏剪纸作品、认同剪纸作品、传承剪纸作品，剪纸文化能满足人们的美好精神需求，能够涵养人文情怀，这与思想政治教育的目标相契合。

人们的关注点在哪里，我们的宣传思想工作重点必然也在此处。思想政治教育需要融入生活、渗入生活的方方面面，使大学生受到潜移默化的影响。当代大学生已不再局限于专业课学习，热衷于自己的兴趣爱好，根据自己的喜好参加活动、选择选修课程。校园内的社团定期举办与正能量主题相关的剪纸文化展演、征集比赛等活动，一方面，大学生群体可以参观感受剪纸文化美的艺术，体验中华文化的博大精深、源远流长；另一方面，大学生亲自参与创作，了解剪纸的类型、南北方剪纸差异、少数民族剪纸与汉族剪纸的异同等问题，涵养大学生人文情怀。重庆三峡学院开设的剪纸公选课受到大学生的喜爱，该课程可容纳500名学生且被选满，有些未能选到课程又想学剪纸的学生纷纷前来旁听，甚至有学生提前半小时来到教室做课前准备工作。许多中小学开设剪纸手工课程，倡导大学开设剪纸文化选修课与中小学衔接，连贯教学，挖掘其思想政治教育素材，更有利于大学生将思想政治理论知识与现实生活相结合，引导大学生树立正确的审美观，强化人文素养。

(三)剪纸文化创新发展的现实要求

习近平总书记多次强调要推动中华优秀传统文化创造性转化创新性发展,这为新时代我国传统文化建设提供了建设性意见。剪纸文化是中国传统文化,为更好传承发展剪纸文化,必然要推动剪纸文化创新发展。同时,面对新媒体技术的快速发展,剪纸文化发展进入关键期。

当前剪纸文化主要面临两个方面的挑战:一是从剪纸创新内在动力来看。一方面,剪纸传承主体流失。首先,在经济发展迅速的当今时代,很多剪纸艺人认为仅仅依靠剪纸不足以维持家庭开支而不愿留在家乡,多选择外出务工赚取生活费用。其次,信息时代,科技蓬勃发展,涌现出许多新的行业,许多农村青年认为民间传统剪纸工艺是落后的技艺。最终,剪纸作品所具有的文化价值和经济价值未能被充分挖掘,这会引发传统工艺出现断层现象。另一方面,剪纸形式较为守旧。剪纸传承人中,老年人较多,其在一定程度上保留之前的传统性、民俗性,年轻剪纸工作者对剪纸作品的内涵意识较为淡薄,一定程度上使得剪纸作品缺乏创新。二是从剪纸传承外在因素来看。首先,剪纸宣传力度不够。剪纸文化发源于农村,在传统媒体时代,剪纸作品在当地能够得到一定的传播。剪纸作品通过作品展、电视、广播等传播,其宣传途径较为单一,缺乏跨地区宣传。全媒体时代,剪纸作品通过微信、微博、电视、电脑客户端等途径进行宣传,其宣传渠道有一定改善,但宣传内容广度与深度仍需加强。其次,政府缺乏标准规范化管理。《中华人民共和国非物质文化遗产法》颁布以来,我国非物质文化遗产建设取得突破性进展,然而针对个体化的剪纸文化而言,其整体水平较为落后,政府管理有待提升。当地政府应出台相应措施,积极鼓励支持剪纸文化传承建设,给予其适当的资金与政策保障。

推动剪纸文化创新发展,加强剪纸文化教育,挖掘剪纸文化中思想政治教育素材是有效途径之一,是传承剪纸文化的必然要求,是坚定文化自信的有力支撑。剪纸文化课程不仅能够增进学生对剪纸文化的认知与认同,还能传授剪纸文化保护常识,使受教育者学会用科学的方法搜集、整理、保护和传承剪纸文化;同时,扩宽受教育者非物质文化遗产保护知识面,有意识地培养大学生成为非物质文化保护者与传承者。开设剪纸文化公选课、专业课程等是传承剪纸文化的现实需要,大学生能够在学习剪纸文化过程中受到民族精神、社会主义核心价值观等方面的教育,涵养人文情怀。

二、剪纸文化融入大学生思想政治教育的路径分析

(一)树立正确的融合观念

习近平总书记指出,“把思想政治工作贯穿教育教学全过程,实现全程育人、全方位育人,努力开创我国高等教育事业发展新局面”。①思想政治教育要贯穿于剪纸的全过程、全方位,树立正确的融合观念,发挥剪纸文化教育中思想政治教育的功能。

第一,深化剪纸文化融合理念。剪纸文化融入大学生思想政治教育,就是要倡导剪纸艺术与思想政治教育并重、同向同行、相互补充,既能促进剪纸文化的创新与传承,又能充分发挥剪纸文化的思想政治教育功能。首先要明白“怎样培养人”的问题,根据新时代大学生的特点、兴趣、爱好等创新剪纸内涵、形式、载体,与中小学剪纸课程相衔接,依据大学生专业性质开设剪纸选修课、必修课,必要时可创建非遗文化传承班,课堂讲述、教材编写充分调动剪纸文化的思想政治教育功能。其次,“创新”一词被应用于各大领域中,随着人们审美眼光的提高,传统剪纸文化的创新发展要与时代相结合,将剪纸文化应用到服装、校园装扮、礼盒包装、动画等大学生喜闻乐见的环境中,满足不同大学生的需求,充分发挥剪纸文化的思想政治教育功能。最后,剪纸作品要在材质、技法和表现等方面进行创新。为新中国70华诞献礼、为改革开放40年献礼等,可进行写实性立体剪纸,使剪纸作品具有立体感,被赋予爱国情怀、民族自豪感、文化认同等,凸显出剪纸作品的思想政治教育功能。

第二,明确剪纸文化与思想政治教育的契合点。习近平总书记在全国教育大会上指出,“要全面加强和改进学校美育,坚持以美育人、以文化人,提高学生审美和人文素养”②。剪纸文化课程是一门美育课程,大中小学开设剪纸文化课程,可以提升学生的审美观、创造力、人文素养,更为广泛开展思想政治教育,达到“以美育人、以文化人”的要求。中小学开展的剪纸课程可为高校开设剪纸课程奠定基础,在高校开展剪纸文化公选课的教育目标应该是剪纸技能、理论与思想政治教育并重,既符合高校美育的要求,又符合高校思想政治教育要求。一方面在价值导向上,要着重体现中国特色社会主义的价值

①习近平.习近平谈治国理政:第二卷[M].北京:外文出版社,2017.376.

②习近平.坚持中国特色社会主义教育发展道路 培养德智体美劳全面发展的社会主义建设者和接班人[N].人民日报,2018-09-11.

引领性，实现剪纸文化与思想政治教育在知识、价值教育的内在契合；另一方面在目标协同上，要正确处理剪纸文化教育理论课程、实践课程与思想政治教育课程的教学方式协同育人等主要关系。

（二）优化整合课程体系

首先，明确剪纸文化课程设置。高校剪纸课程是艺术课，也是中华民族优秀传统文化的传播课、实践课，是大学生思想政治教育课程。高校在剪纸文化课程设置上要避免形式化，要与中小学课程设置相结合，有清晰的短期与长远育人规划、目标。高校剪纸文化课程可以根据大学生的专业等分为专业课与非专业课、必修课和选修课等不同课型，规定适量的课程计划学时，引导大学生走进剪纸展览馆、博物馆、剪纸民俗村等地开展实践教学。学习剪纸文化的发展历史、主要代表人物、主要派别、蕴含精神等，让大学生在课堂上获得专业系统而不失风趣幽默的剪纸文化知识，并与思想政治教育相融合。在大学生思想政治教育课堂教授中，教师有必要结合剪纸文化中与讲课内容相关的优秀人物、事件，充分挖掘剪纸文化的思想政治教育功能，推动剪纸文化融入思想政治教育课程的教材教案。

其次，优化剪纸文化教材内容。课程内容主要依据教材展开，教材是教学的关键与中心环节，教材应"就地取材"与统一规定相结合。一方面，国家统一编写教材，为各高校课程开设提供必要的教材准备。集合各地专家、学者统一进行教材的撰写，汇集全国各地剪纸文化优势资源，为剪纸课程提供统一教材标准，深植思想政治教育情怀，开阔学生视野。另一方面，各地区高校可利用自身的资源和地域优势，在当地进行剪纸文化调研并编写教材，根据当地大学生在校情况开展特色课程，可以使当地学生产生共鸣，增强大学生的民族自豪感，坚定文化自信。

最后，加强剪纸文化师资建设。优秀的师资队伍能够带领学生更好传承剪纸文化，细腻发挥剪纸文化蕴含的思想政治教育功能，对大学生产生深远持久的影响。教师队伍注重专兼职人才培养，一方面，加强高校剪纸文化专业教师队伍建设，招收一定量的拥有剪纸技术的专业型人才。作为高校剪纸文化建设的主力军，他们往往具有较强的理论功底、学术研究规范、实践能力突出等优势。同时要对他们定期进行培训，明确剪纸文化中思想政治教育的价值体现,使其在教学过程中潜移默化感染学生。另一方面,寻求民间优秀的剪纸传承代表到学校讲学、任教。名家的成长故事更具有说服力、影响力,更具生动形象性,大学生自然而然受到鼓舞,深刻领会奋斗是青春最亮丽的底色,从而实现良好的思想政治教育价值。

(三)聚合教学方式方法

剪纸源于生活,剪纸文化教育使得思想政治教育不局限于课本,能够拓宽学生思想政治教育的知识面,培养学生的政治素养,提高其思想觉悟。剪纸文化融入思想政治教育过程坚持显隐性教育相结合的原则,符合课程思政建设要求,使得思想政治教育在时空中得到延伸。

注重校园剪纸文化氛围,发挥隐性教育价值。一方面,通过各种活动让大学生在兴趣中了解剪纸文化,如开展剪纸相关的讲座、艺术展、比赛等。首先,大学生可以在讲座、艺术展、比赛等过程中,简单直观、生动形象地理解剪纸文化,学习到剪纸相关理论知识。其次,大学生在欣赏过程中会相互交流,传递剪纸文化创制理念、内涵、过程等,可以提升自身的审美价值,充分发挥剪纸文化的思想政治教育功能。另一方面,组织建设剪纸文化社团。首先,组织社团加强剪纸文化弘扬正能量的宣传教育,可通过微信、微博、QQ、短视频等大学生常用的APP加强剪纸文化宣传力度。其次,社团可以组织成员练习剪纸创作。让大学生自己动手制作剪纸,在练习剪纸的过程中,大学生不仅可以体会到制作剪纸作品需要毅力、耐心、创新等品质,感受到中华文化的博大精深,从而对剪纸留下更加深刻的印象,也可以提升思想道德修养,厚植爱国情怀,培养健全的人格。

强化课外实践拓展教学,巩固显性教育优势。在大学生思想政治教育的实践课程教学方式中,可增加对剪纸文化实地调研、走访研究、深入实习等实践要求。一方面,结合大学生“三下乡”活动走进剪纸文化。有意引导大学生关注当地剪纸艺术发展状况,并结伴组建团队深入了解当地剪纸文化的发展历程、现状、挑战、对策,增强大学生主动关注优秀传统文化的意识,保护并传承传统文化。另一方面,推荐剪纸文化相关实习工作。大学生到剪纸文化相关单位进行实习,能够切身体验剪纸创制过程及其背后的故事,了解剪纸文化的宣传现状,从而延伸至我国其他非遗文化的传承。高校中不同专业的学生通过理论联系实践，不仅能够学到有关剪纸文化的专业知识，了解实际生活中剪纸文化的广泛应用与世界性传播，增强其民族自豪感与爱国主义精神；还能把剪纸文化中的价值理念与现实生活相结合，形成如敬畏自然、人与自然和谐共处、爱国情怀等民族文化精神，这些理念是剪纸文化融入思想政治教育的体现。

历史虚无主义思潮对大学生的影响及应对策略

陈 路①

摘 要:“历史虚无主义”是指不加具体分析而盲目否定人类社会历史发展过程,甚至否定历史文化,否定民族文化、民族传统、民族精神,否定一切的一种历史观点和思想倾向。当前,历史虚无主义借助新的传播媒介进行思想入侵、借助影视作品进行文化侵略、以“学术”的外衣虚无历史、带有推翻中国共产党的领导以及否定中国特色社会主义制度和中国特色社会主义道路的政治目的。历史虚无主义思潮危害巨大:消解部分大学生的政治认同;冲击部分大学生的民族自信心和自豪感;削弱了高校思想政治教育的成效。究其原因,在客观方面,主要是:历史虚无主义思潮本身具有隐蔽性、渗透性、目的性的特征,而网络和自媒体等平台被敌对势力刻意利用,改革过程中出现的问题影响部分大学生价值判断,高校思想政治理论课程对大学生教育成效有限;在主观方面主要是大学生的从众、逆反和猎奇心理使然。为此,必须强化党和政府的政治建设和组织建设,创新高校思想政治教育工作的方法和手段,提升大学生的知识素养和价值判断能力。

关键词:历史虚无主义思潮;大学生;影响;对策

①陈路,1995年生,男,汉族,湖北孝感人,研究方向:思想政治教育。本文荣获重庆市第十届马克思主义研究生论坛三等奖。

一、历史虚无主义思潮概述

(一)历史虚无主义的含义

历史虚无主义属于虚无主义的子概念,从词源上看,“虚无主义”一词来自拉丁文中,“虚无化”一词指的是完全毁灭和无的过程。德国哲学家雅柯比在1799年第一次使用该词,后经屠格涅夫的小说《父与子》而流行开来,意指只有我们感官所获得的存在的才是现实的存在的,其余的一切皆为虚无①。虚无主义肇始于哲学领域,后来又逐渐扩散到历史学领域内并假借历史学外衣进行传播。

从深层次来看,“虚无主义”准确无误地显示了西方近现代历史进程中的要害。伴随着资产阶级时代的到来,以资本为主导的物化价值和金钱价值取代了人与人之间的基本价值准则,并成为人们普遍追求的对象,“普世原则”的价值世界随之坍塌,从而体现为“虚无主义”的历史进程。②所以本文认为:“历史虚无主义”是指不加具体分析而盲目否定人类社会历史发展过程,甚至否定历史文化,否定民族文化、民族传统、民族精神,否定一切的一种历史观点和思想倾向。

从根本上看,历史虚无主义抱有明确的政治意图,反对党的领导和中国特色社会主义制度,本质上是一种反动的政治思潮。习近平总书记曾指出,历史虚无主义的要害,是从根本上否定马克思主义指导地位和中国走向社会主义的历史必然性,否定中国共产党的领导。历史虚无主义总是根据现实状况不断产生新的变化,但其背后的政治意图并没有改变。③尽管历史虚无主义打着学术的,尤其是历史学的旗号,但在研究方法上是根本错误和极其混乱的,它不是任何一种学术思潮,而是一种伪科学。

不断发展、变形以及传播的历史虚无主义,当它足以具有一定影响力和一定受众时,就能够演化成一定的思潮,即历史虚无主义思潮④。“政治立场的意识形态性”“方法论的形而上学性”“人性论的抽象人道性”“价值观的极端

①冯昱蓉.历史虚无主义思潮对大学生影响的对策研究[J].佳木斯职业学院学报,2018(02).

②杨建毅.用唯物史观记述和认识历史[N].中国社会科学报,2015-12-31.

③吴学琴.历史虚无主义的三种话语面具[N].中国社会科学报.2018-07-25.

④陈鹏磊,李郡.历史虚无主义对大学生的影响及对策研究[J].兰州教育学院学报,2018(12).

相对性”和“社会历史观的唯心论”①是历史虚无主义思潮产生的理论基础和逻辑前提。

(二)历史虚无主义思潮当前的特点

首先,借助新的传播媒介进行思想入侵。自苏联解体,东欧剧变后,以美国为首的西方资本主义国家采用“和平演变”的策略来对付敌对国家和社会主义国家,并且试图以此作为瓦解中国及其社会主义道路的主要武器。但以往那种近乎粗暴的野蛮的宣传方式已经不适应当前的现实情况,所以当前的主要形式已经转变为以潜移默化和渗透式的宣传为主,并借助自媒体、多媒体等多种传播渠道,主要依靠网络等高度发达的信息传播平台,如国外主流信息传播平台YouTube,推特等;在国内以微博、微信和QQ以及现在各种比较火爆的视频网站如Bilibili、抖音、微视等,都可以看到一些人在上面毫无掩盖地鼓吹历史虚无主义思潮的观点和主张。日常生活中大学生群体使用这些新传播平台的频率非常高,这也正是历史虚无主义者们看中的地方。假借这些平台进行传播,一旦能够有接受的少部分受众群体,在互联网的传播速度和接触体量下,都会有很多人受到他们的影响和干扰。如果还能继续扩散开去,那受影响的群体将是十分惊人,也是一种影响力不小的潜在风险。也正是因为这一特点,历史虚无主义传播者也是寄很大希望于此来达到他们的目的。

其次,借助影视作品进行文化侵略。如一些戏谑抗战艰苦奋战的影视作品,丑化和扭曲当年的艰难历程,使不了解那段历史和背景的年轻人丧失革命信仰和革命精神,试图将二战的罪行掩盖成搞笑的“神剧”一样,为罪恶的战争洗脱污名;有一些欧美电影,也凭借在技术手段的先进优势,在叙述剧情的同时,也借此或明或暗地映射当下中国可能存在的一些问题,并借此否定中国的制度、成就等以达到他们的目的,无声无息地进行文化侵略和意识形态输出。

再次,以“学术”的外衣虚无历史。为了达到更好的传播效果和手段,历史虚无主义是从哲学领域扩散开来,现在又称自己是归属于历史学的一种,只是学术当中的一个流派。是打着学术研究的旗号,用所谓的“考证”“还原”

①张志丹.当代历史虚无主义谬误的哲学剖析[J].南京政治学院学报,2017(06).

而虚无历史。历史虚无主义者披着“如实还原、秉笔直书”的学术外衣，辩称自己的研究目的在于尽可能地还原一些史实。他们掩人耳目的做法有：痴迷于所谓的事实考证和文献挖掘，不仔细审查，也不深入研究，甚至不拒绝“文献拜物教”“考证癖”的称呼；极力标榜自己以“让事实说话”、不偏不倚、客观中立的态度研究问题；在此基础上以“史证如山”为借口，用“管窥真相”的口号去呼吁对过去的历史进行“重新评价”“重新认识”“重新发掘”①。试图用这种方式来掩盖自身的真正目的，就是利用史学研究的基本要求，即重视史实、史料的收集、挖掘和归整，作为历史虚无主义思潮用来隐藏自身和达到自己目的的一种重要手段。

最后，带有非常明显的政治目的和政治倾向。历史虚无主义思潮对大学生的消极影响是显而易见的，其借自身的唯心主义立场，以学术的伪外衣试图去诋毁马克思主义唯物史观，以此来达到推翻马克思主义哲学和中国共产党的领导以及否定中国特色社会主义制度和中国特色社会主义道路的政治目的。并且也否定中国的重要的制度改革——改革开放，认为它只不过是走了资本主义道路，叫了个不一样的名字，借此来抨击和否定中国共产党和中国人的艰苦摸索和伟大成就，消解了部分大学生的政治认同感和归属感。虽然大部分大学生能够正确认识到其背后的政治目的，能够坚守正确的价值认同和政治倾向，但不可否认的是，仍有少部分大学生因自身的局限性或其他现实因素而未能坚持正确政治信仰进而遭受到毒害。

二、当前历史虚无主义思潮对大学生的影响

（一）消解部分大学生的政治认同

历史虚无主义的要害，是从根本上否定马克思主义指导地位和中国走向社会主义的历史必然性，否定中国共产党的领导。历史虚无主义总是根据现实状况不断产生新的变化，但其背后的政治意图并没有改变。他们往往会想尽各种办法和手段污名化和否定以往中国共产党和中国人民所做出的突出贡献。尽可能地扭曲中国革命、建设、改革过程中曾出现过的一些错误，并试

①梁柱.历史虚无主义思潮评析[J].红旗文稿，2009(09).

图以这些来否定其他方面的历史贡献和积极作用。试图丑化毛泽东和夸大他在晚年犯的错误借此来否认中国的革命先辈对中国人民的巨大积极贡献，进而用来否定中国共产党和中国政府以及中国的社会主义道路和制度，也试图为他们学习西方的“普世价值观”铺路，为自己的罪行披上“民主与自由”的高帽；也企图借题发挥质疑我党的政党制度和政府的合理性，毒害部分大学生的政治思想。而一旦这些学生被他们别有用心地利用，很容易被引到岔路上去，届时将给学生个人和社会极其不好的反馈，势必会造成对中国社会主义制度理论、体系、道路、文化的动摇，危及社会主义前进方向和对党政工作的不支持，不理解甚至于产生敌对态度。

（二）冲击部分大学生的民族自信心和自豪感

历史虚无主义思潮通过否定具有典型和代表性的正面历史人物，来否定革命的正义性和残酷性。通过不符合实际的主观臆想和判断，刻意地扭曲和误解英雄人物，来否定人民群众在革命和斗争的历史性作用，妄图以此来消解革命文化。也试图诋毁在这一过程中孕育的革命精神和艰苦奋斗的民族精神，来打击中国的民族文化和自信心。[①]在政治道路的选择上，历史虚无主义认为中国走社会主义道路是错误的，是走了一条歧路。最好的选择是效仿西方世界走资本主义道路，将中国在革命、建设、改革过程出现的一些问题和错误归结是因为走了社会主义道路和形成了社会主义制度。致使部分大学生对中国共产党的政治认同受到影响和干扰，进而也可能对社会主义制度和共产主义理想丧失信心和期望，影响和歪曲部分大学生的世界观、人生观和价值观，让他们对中国特色社会主义社会的奋斗目标丧失信心和斗志，瓦解他们对中国的社会主义文化和民族历史的自信心和自豪感，对社会主义文化建设和民族复兴是有很大冲击的，这个问题必须要高度重视，不能让其从民族精神和民族文化的否定方面进行多方面渗透，以免对中国特色社会主义理论体系和文化构成威胁。

（三）削减了高校思想政治教育的成效

列宁曾经指出：“在社会现象领域，没有哪种方法比胡乱抽出一些个别事实和玩弄实例更普遍、更站不住脚的了。挑选任何例子是毫不费劲的，但这

①陈丹丹，傅畅梅.试论大学生如何抵御历史虚无主义思潮[J].兰州教育学院学报，2018(03).

没有任何意义,或者有纯粹消极的意义,因为问题完全在于,每一个别情况都有其具体的历史环境。如果从事实的整体上、从它们的联系中去掌握事实,那么,事实不仅是'顽强的东西',而且是绝对确凿的证据。如果不是从整体上、不是从联系中去掌握事实,如果事实是零碎的和随意挑出来的,那么它们就只能是一种儿戏,或者连儿戏也不如。"①

如果任凭历史虚无主义思潮在大学生中传播开来,鉴于目前很多大学生对马克思主义学说的理论知识认识有限,往往不能够很清醒地认识到历史虚无主义思潮的本质,加之其伴随着新媒体和网络的大肆传播,很容易就使部分大学生受到蛊惑,误入歧途。高校的思想政治理论课程很重要的一项任务就是大学生群体的思想意识形态工作。而随着当今社会经济的发展,人们的思想也越来越开放和多元化,大学生群体的思想倾向也会影响以后的社会思潮。高校的思想政治课程也是通过对马克思主义系统化、理论化的学习,来给大学生传递正确的世界观、人生观、价值观导向并且还有民族文化、民族自信和民族认同等文化熏陶的内容。在这一时期,如果大学生受到影响,会对马克思主义思想产生漠视、抵触甚至是排斥心理,从而会对思想政治教育课程认识不足或者直接忽略,长此以往,大学生的思想势必会受到毒害和影响,也会极大地消减高校思想政治课堂的教学效果,冲击马克思主义唯物史观的传播。也会动摇马克思主义理论学说的主导地位和思政理论课堂的优势地位,进而毒害社会或者成为一股危险力量,给国家和社会带来隐患。

三、历史虚无主义思潮对大学生产生影响的原因分析

当前历史虚无主义思潮能够对大学生产生影响的原因是多种多样的。马克思主义哲学告诉我们,分析一个事物要做到具体问题具体分析,历史虚无主义思潮对大学生产生影响的原因主要有主客观两个方面;客观方面——历史虚无主义自身和它的传播媒介的特点导致的,主观方面——部分大学生自身的特点导致的。

①列宁全集:第28卷[M].人民出版社,1990:364.

(一)历史虚无主义思潮的隐蔽性、渗透性、目的性

历史虚无主义借助于自身所含有的特点,具有隐蔽性、渗透性、目的性。它不像其他学说一样,大张旗鼓地来表明自身的体系和主张,而是借助于其他的外衣给自己披上一层厚厚的“马甲”,而后通过其渗透性和隐蔽性的传播方式进行扩散和传播,借此达到自己的政治目的。在学术上,毫无疑问的,历史虚无主义是被抨击的一派。所以他们在当代社会中愈发地将自己的政治目的深藏,但是依靠网络和互联网的便捷高效的沟通方式,也让他们通过这些渠道将自己的主张不断地表达出来和影响力不断地发挥出来。借以一些“独家内幕”“秘史”“那些你不知道的奇闻轶事”等等充满吸引力和诱惑力的文章或者影视资料,通过断章取义,恶搞历史人物或者历史事件,达到污名化这些典型人物或事件,蛊惑大众和学生群体的目的。①对于某一事件,他们往往采取迂回战术,与以往的直白反对不同,它们总是以某一个切入点,找到一些似是而非的证据,来反驳和诬蔑相关事件。让人稍不留神就相信了他们的说法,受到他们的蛊惑。并且他们往往在如微博、微信、视频网站上制作一些小视频和搞笑短片,以娱乐文化和恶搞、逗笑作为伪装,将自己的真实目的藏于荧幕后,以此来“俘获”大众和大学生群体。我国网民目前人数众多,并且学生群体占比最高;而在学生当中,大学生们闲暇时间又较多,所以大学生们对于这些内容的接触是十分常见和普遍的并且每天在网络上的时间很长,难免部分大学生群体会被其蛊惑和说服。

(二)网络和自媒体等平台被用来刻意传播

当前网络和自媒体的快速发展,使得当前信息传播十分迅速。并且自媒体的迅速发展使得人人都可以是信息源,也是传播源和接受者。这就导致了一个致命的问题,那就是网上信息千千万万,真真假假无法辨别。加上现在大多数的大学生都习惯于在网络上进行查询和浏览,当他们发现自身感兴趣的问题时,往往会以自己查询到的结果作为是否可信的依据。那么当人人都可以是信息的传递源头时,就给了历史虚无主义者们一个可乘之机。可以借助于这一特性,去大肆传播和宣传自己的观点,并且在网络上引发话题和争端,来吸引人们的注意力。如之前发生过的“雷锋涉嫌摆拍事件”“邱少云真

①豆勇超.历史虚无主义对高校大学生的影响与应对策略[J].山东行政学院学报,2018(06).

的能够卧地不动直到被火烧死吗?”等等之类的都可以从中窥探到他们的身影。如果盲目偏信其中的信息,很容易导致部分大学生,在其中得到错误的知识和政治导向。互联网传播速度快、范围广、信息冗杂的背景,也给互联网监管部门带来很严峻的挑战。当涉世未深的小部分大学生群体接触到这些内容时,很容易轻信他们的说法,从而受到历史虚无主义思潮的蛊惑和欺骗。①

(三)改革过程中出现的问题影响部分大学生价值判断

当前我国的改革开放正值攻坚期,经济发展水平在向质量和效益转变,以完成供给侧结构性改革和更高层次的经济发展水平的要求。并且本身我国的社会主义制度还是在逐步完善的过程中,还不是十分成熟。在这一过程中,现实社会中会出现种种问题或矛盾,如贫富收入差距拉大,住房、医疗、教育、食品安全等问题,甚至于大学生们自身的家庭或者个人情感态度问题都会夹杂在其中。包含在这一过程中的政治、经济、文化等某些方面的不完善,往往容易引起部分学生的不满和沮丧甚至于挫败感,而一些人将这一切归结于社会原因,乃至归结于党和政府的原因。

不能正确对待社会主义制度逐步完善和成熟的阵痛期所浮现的问题,致使一部分大学生对党或政府的工作有了认识偏差和恶意。也会令他们自身更加向往西方的社会生活,从而致使部分大学生对党和政府的政治认同度不高和情感态度不正确。这也就使得他们更加愿意选择历史虚无主义的说法,来证明他们内心的选择和主张,在网络或者现实生活中成为历史虚无主义的“代言人”或者坚定的维护者。

(四)高校思想政治理论课程对大学生的成效有限

目前很多高校都有思想政治教育课程这是令人高兴和鼓舞的一面,但是另一方面,很多高校往往只是有这些课程而没有实际地给予足够的重视和认可这些工作。“青年兴则国家兴,青年亡则国家亡。”大学生群体则正处于社会主义建设的重要一环,是未来国家和民族的重要智力支持。在他们富有活力并且渴望知识的时候,理应把正确的价值认同和政治认同传递给他们,而这

①刘卫军,邓菲.新时代历史虚无主义思潮对当代大学生的影响研究[J].河北交通职业技术学院学报,2018(01).

一切主要的沟通渠道就是通过高校的思想政治教育课程。[①]

然而不能回避的是目前很多高校的思想政治教育课程仍存在几大问题：一是过于偏重纯理论性的课程讲述，讲授方法缺乏新意，也很难将学生们的积极性、主动性和创造性调动起来；二是高校未能给予足够的重视，对待教学方式仍然局限于单一的说服教育和普及性讲述的课堂教学，没有足够的实践教学和新颖的教学手段；三是未能结合这一时期的大学生们的心理特性，抓住学生的兴趣点。思想政治教育课程应不拘束于以往的传授经验和教学经验，应适应当下时代特点，运用新媒体技术和手段。哪里有学生，哪里就是课堂；哪里有大学生群体，哪里就需要有活力的思想政治教育。

部分大学生如果不能从老师那里得到积极正面的信息回馈的话，就极大有可能转身寻找互联网的帮助，如果在课堂教学和实际生活中都未能引导他们树立正确的价值观和政治立场，那他们就更加容易受到历史虚无主义思潮的影响和误导。

（五）大学生的从众、逆反和猎奇心理

大学生们往往都是具有从众、逆反和猎奇心理的。现在的高校大学生大都以“95后”和“00后”为主，他们经过艰苦的高中学习生活。转至大学这种十分舒适的环境中，往往为了引人注目或者突出自我，展现自己的人格魅力，而喜欢一些比较新颖怪异的事物。而大学很多思想政治教育课程内容在高中都或多或少有所涉及，此时思政课老师如果仍然用比较死板的教学方式的话，是很容易引起一部分学生的逆反心理的，使其对所处的课堂环境和课程教材，乃至对授课老师的开导或教育抱有敌意。因此上好思政课对高校思政课老师的要求很高，是一项艰巨的挑战。一些喜欢刺激冒险的同学，很容易接触到历史虚无主义。这一时期的部分学生群体逆反心理严重时还会敌视和排斥主流价值观和思想，对待思想政治课程都是消极抵触的态度，既给了历史虚无主义机会，又给思想政治教育课程带来很大的难题和挑战。

①陈鹏磊，李郡．历史虚无主义对大学生的影响及对策研究[J]．兰州教育学院学报，2018(12)．

四、抵御历史虚无主义思潮对大学生影响的对策

(一)全面加强党和政府的政治建设和组织建设

首先,要加强党的政治建设。“打铁还需自身硬”,中国共产党作为中国人民和中华民族的先锋队,带领人民浴血奋战,走向新生。在当下仍然要始终作为中国特色社会主义事业的领导核心和领头羊,所以也要严格要求自身,以高标准高要求鞭策自己。始终全心全意为人民服务。以此来化解历史虚无主义思潮试图在思想和政治上找寻的突破口。全面从严治党,始终保持党的先进性和纯洁性,才能让广大学生群体能够信任党和政府,也才能让大学生们相信马克思主义理论学说的正确性和科学性。也只有这样才能让广大学生知道,只有中国共产党和中国特色社会主义理论体系以及中国的社会主义道路才是最适合中国国情和中国人民的抉择,历史虚无主义者们所鼓吹的应该效仿西方资本主义社会的转变是不适宜中国国情和中国人民的。从政治层面上,瓦解它们的谎言和学说,不给历史虚无主义思潮的追捧者们留下可乘之机。

然后,要加强党和政府的组织建设,强化网络监管力度和相关问责机制。要对网络乱象说不,健全相应的法律法规和制度保障,让网络空间也不是法外之地。①当今世界是信息化的社会,就越发需要构建相对安全文明的网络环境。所以要净化网络空间,营造一片良好的校园网络环境,建设安全过滤的信息化校园网络,尽可能地过滤掉历史虚无主义思潮对大学生的潜在负面影响。此外,还要建立网络舆情监测机制和重大风险预防机制,运用信息化技术和管理经验,为大学生群体构建一个安全有效可控的校园网络。通过对发布信息的源头和过滤,将那些潜在的,有害的信息过滤删除掉,并且和公安部门合作,将相关责任人和发布者对于涉及违纪违规的情况进行依法查处,正面震慑其他人,也可以还给大家一个相对干净的网络环境。

最后,要加强文化宣传和宣扬民族精神,大力弘扬社会主义核心价值观和中国优秀的传统文化和民族精神、民族气魄。要始终发扬和传播社会主义核心价值观和爱国主义的民族精神,使大学生群体拥有的先进的文化素养和民族自豪感。大学生要用马克思主义最新的理论成果武装自己的大脑,用先

①刘婷婷,高晨光.历史虚无主义思潮对大学生历史观的影响[J].佳木斯大学社会科学学报,2019(01).

进的科学的观点和看法来帮助自己始终保持着正确的世界观、人生观、价值观。也唯有这样，自己面对历史虚无主义的伪善学说时，才能够正确地对待和处理，而不是受其影响和蛊惑。

（二）创新高校思想政治教育工作的方法和手段

首先，要提高高校对思想政治教育的认识程度和重视程度。思政课程作为意识形态宣传的前沿阵地，具有无比优越的宣传优势和指导优势，需要各高校加强相关课程的设计和开发，不能简单地仅限于单纯的书本教学，而应该将课程教学和理论教学与当代大学生的发展特性和时代背景相结合，将新的技术手段和方式与多种方式教学相结合。尤其要注重实践课程的培养方案设计，优化课程评价方式和考核机制，让大学生们能够在学习中实践以及在实践中学习，以此来加深和提高思想政治教育课程的培养效果和改善育人情况。如在学习理论课程的同时设计相应的实践操作以巩固理论知识，可以在学习马列主义和毛泽东思想时，配以相应的红色之旅，以切实的感受去理解和学习那个时代的激情和困难。

其次，要提高思想政治教育的师资队伍建设水平。教师是立教之本、兴教之源。办好思政课，离不开一支政治素质过硬、业务能力精湛、育人水平高超的高素质专业化思政课教师队伍。习近平总书记曾说："办好思想政治理论课关键在教师，关键在发挥教师的积极性、主动性、创造性。"[①]要想最大程度消解历史虚无主义思潮对大学生的负面影响就要加强师资队伍的建设，时刻掌握最新的理论成果和研究经验，只有师资队伍自身理论和实践基础扎实，才能够更好地传递给大学生们正确的理论知识和实践精神，才能够给同学们在身边树立一个言传身教的正面老师的榜样。让大学生们感同身受，引起共鸣，也更好地接受教师所传达的知识。

最后，要转变教学方式和教学手段，运用新的技术条件来传播理论知识和实践经验，善于运用新媒体媒介，来吸引当代大学生们的注意力和关注点。改变他们以往眼中的那种比较呆板、陈旧的教育方式。思想政治教育的课堂也是可以充满活力与魅力的。例如可以制作一些短小精悍的短视频，将希望传递的信息或者观点，用时下更容易接受的一种表现形式展现出来。

①习近平.学校思想政治理论课教师座谈会[N].人民日报.2019-03-19(01).

（三）提升大学生的知识素养和价值判断能力

首先，要提高大学生的辨识能力和历史知识储备。当大学生自身有了一定的辨识真假的能力时，就不会那么容易受到历史虚无主义思潮的干扰了。同样的，要想不被历史虚无主义者轻易地说服和带偏，也要对中国的历史文化有一定的知识储备。只有这样，当历史虚无主义者在为达到自己政治目的而胡编乱造时，才能有一个清醒、冷静的认识和判断。大学生也需要培养出自己的独立人格和理性思维，做事情想问题也要有自己的独立判断，而不要做一个人云亦云的墙头草，轻信别人的主张和观点。所以大学生自身除了自己的专业课程学习外，要多多阅读一些有关中国历史和中国近代社会尤其是中国人民在共产党的带领下浴血奋战，顽强拼搏的书籍或珍贵的影像记录，让自己对中国人民和中国历史文化有一个更加深层次的感悟和体会。

然后，要坚持正确的政治态度和价值观，以抵制历史虚无主义的错误导向和诱惑。要始终以马克思主义、列宁主义、毛泽东思想和中国特色社会主义理论体系武装头脑。要加强大学生的自我人生观、历史观和世界观的培养，自觉践行和培育爱国精神和民族精神，坚持社会主义核心价值观，并且要坚持将此内化于心外化于行，要有自觉做社会主义的建设者和接班人的觉悟和自信。对社会主义制度、理论、道路和文化抱有信心，始终要相信中国的历史和抉择，增强民族自信心和自豪感，形成正确的人生价值观。也只有这样才能够抵制历史虚无主义对自身的骚扰和诱惑。

最后，要提高在网络上的安全意识和辨别是非能力。网络作为一种信息交换的媒介，本身是没有政治目的和政治风险的。但是总会有别有用心的人出于种种目的设下各种陷阱和诱惑，所以大学生们要有一定的政治觉悟和警惕意识，切不可马虎大意和掉以轻心。目前的大学生网络素养和安全意识参差不齐，除了高校要加强网络安全防范和危机预警教育宣传外，也需要自我提高危机意识和辨别真假的能力，能够灵活地运用马克思主义理论，理性地、客观地分析我们收集的信息。做到不轻信、偏信，能够理性面对。

五、小结

本文通过对历史虚无主义思潮的梳理和定义，对当前传播特点的分析，尝试寻找历史虚无主义思潮对大学生的影响及其成因，进而提出应对之策略。通过文献查阅、梳理以及对现实状况的观察分析，试图探究如何最大化程度上化解历史虚无主义思潮对大学生的负面影响，并提出可行性的解决策略和方法。

马克思《资本论》中的自由观及其对当代大学生培养的启示

刘佳瑶①

摘　要：自由是一个亘古不变的话题，它始终是人类追逐的目标，人类也始终在为这一目标而奋斗。《资本论》的形成是马克思自由观的进一步发展和完善，马克思从个人与社会统一关系中去分析和论证自由，认为自由是人的奋斗过程和历史发展的产物，它不仅仅是局限于人的判断、选择等方面的个人意志自由和思想言论自由，更是人对客观必然性的认识和利用。基于此，再审视新时代中华民族共同体意识教育现状，培育大学生科学自由观有着重要的理论价值和实践价值。

关键词：资本论；马克思自由观；大学生；中华民族共同体意识教育

马克思的自由观在《莱茵报》时期萌芽。这一时期的马克思认为自我意识决定了外部世界，但是马克思同样也清楚地知道必须要将自我意识和社会实践相联系，意识必须要在实践的基础之上进行发展，所以这一阶段的马克思对于自由问题还处于理性批判阶段。在《1844年经济学哲学手稿》中，马克思对于"自由"有了新的想法和定义，他开始注意到要实现真正的自由，首先要做的就是消除异化劳动，只要有异化劳动的存在，人就不能够实现自由而

①刘佳瑶，1996年生，女，汉族，河北省唐山人，研究方向：网络思想政治教育。本文荣获重庆市第十届马克思主义研究生论坛二等奖。

全面的发展。同时，马克思认为，只有共产主义才能实现人类自由和解放的目标。在《德意志意识形态》中，马克思提出“有生命的个人”是自由的载体，他认为人只有作为真实的存在才能实现真正的自由。马克思自由观最终在《资本论》中得以成熟，他明确提出人的自由只有注重自身实践，将自身能力发挥作为目的本身的时候才能够实现。

一、马克思《资本论》中的自由观

自由，是一种作为自我实现的劳动活动，它并不只停留在一个阶段，而是存在于人类社会的所有阶段。随着劳动的不断深入发展，相应的自由程度也在不断提高，那么追溯回去，马克思恩格斯早期对资本主义社会的批判吸收了自由主义的思想，但最终也实现了对于自由主义的扬弃，随着对资本主义经济研究的深入，马克思与恩格斯逐渐形成历史唯物主义的自由观，《资本论》的理论代表了马克思自由思想发展的高峰，一些已有但不成熟的思想观念在这里得到了相应的发展和完善。马克思的自由理论是建立在“劳动本体论”基础之上的，这种自由观主要表现为以下三个方面：

（一）劳动是个人真正自由的基础

人与动物的根本区别在于，人把自身当作有意识的、独立自由的存在体，并且想要通过改造世界的活动来证明自己的意识，试图通过一系列的实践来证明自身的存在性。人的这一想法和做法是完全不同于动物的，动物完全是并且只能是根据自身肉体的需要来进行生产活动，动物根据身体的反应和大脑的需要来进行相应的活动。这样相比较起来，人是完全不同于动物的，人可以按照自己的意识，根据不同的尺度和需要来进行生产，把控自身的行为。所以，人与动物最大的区别就在于，人正是在改造对象世界的过程中，才能够真正地证明自己是类存在物，才可以证明自己是自由的，是存在于世界之中的。在资本主义经济社会下，人们对于劳动的定义产生了分歧，人们的劳动开始发生变化，这时的劳动并不是出于自身的意愿，而是一种被迫的行为，他们完全是为了维持自身的生命需要而不得不委身于资本家的奴役下，所以这简单来说就是不自由的异化劳动，因此要想获得个人相应的自由，首先就是要彻底消灭异化劳动。

(二)个人的自由必须在共同体中才能实现

马克思与恩格斯在《德意志意识形态》中指出:“只有在集体中,个人才能获得全面发展其才能的手段,也就是说,只有在集体中才可能有个人自由。”[①]人的本质在其现实性上是一切社会关系的总和,人的发展在任何阶段都离不开他所处的全部环境,同样,人在全部环境中,也会利用环境中一切可利用的资源使自己的创造力最大化,人只有将个人的精神生产投放在整个世界的生产中才能凸显它的价值和力量,个人也只有在全面利用资源,以及交往的能力才能够得以解放,才能够实现自身的自由和全面的发展。那么,到底什么样的共同体才是适合人实现自由的环境呢?马克思和恩格斯曾经也提到,共产主义社会符合人的发展,在共产主义社会中任何人都没有特权,也不存在特殊的活动范围,而是每个人都可以选择在任何某个部门内发展,个人的意识和能力能够在共产主义社会中有充分的发展空间,得到充分的体现,所以共产主义社会是适合人自由全面发展的社会。

(三)人的自由必须在人与自然的和谐相处中实现

自然一直是人们赖以生存的基础,人在任何阶段都离不开自然这一环境,如果没有自然,那也就没有人类家园,没有了人类家园,更不用谈人们应该如何自由了,所以人类应该与自然和谐相处,自然是人类活动的物质基础,支撑了人类社会的存在,如若自然的稳定被打破,那么相应的人类活动也会受到波及。站在人类活动的角度来讲,自然界要想实现自身的价值和可延续性也是需要通过人类活动才可以变得更有价值和意义,自然如若离开了人类活动,自然界的存在也就只停留在“自然”的概念之上,无太大意义可言,自然界的存在也就对人毫无意义,那么在共产主义社会中,它彻底解决了人与人,人与自然之间的矛盾,能够真正地做到人、自然、社会三者的和谐统一。如若想要真正的自由,那么必须做到人与自然和谐相处,真正实现人与自然的和谐统一。

最后,马克思恩格斯通过历史的角度和观点看到自由并不是无尽的无限制的,相反,自由是有限制的,由于社会制度形式、等级、阶级组织的存在形式

①马克思恩格斯选集:第1卷[M].北京:人民出版社,2012.

大部分取决于社会中生产、交换、消费的发展阶段，那么可以得出相应的结论，它们基本上都是由生产力所决定的。如若人们想要对自身自由以及权利进行相应的保护，那么就只能利用当下所处的社会状况以及社会经济的基础来进行协调把控，尽可能地协调发展，换句话来说，如若创造了不符合经济基础的上层建筑，那则不能真正地促进人类的解放，更不用谈来更好地实现个人的自由。马克思自由观认为个人要想更好地实现自由，那就不要“闭关锁国”，而应在人与人，人与社会，人与自然的和谐互动中进行实现，同时，马克思恩格斯也为人类指明了道路，要想人自由全面地发展和解放，共产主义社会是最好的社会，人们需要到共产主义社会中去创造，马克思和恩格斯的自由观也为人们提供了理想目标。

二、当代大学生存在的自由观念问题

自由是人类处于自由选择的一种状态，自由在后现代社会中也被大部分年轻群体所追捧，当代大学生在追求自由时或多或少出现了错误的自由观念，大学生群体对世界的发展起着中流砥柱的作用，整个时代都需要大学生群体贡献自己的一分力量，但是大学生群体由于自我控制能力及人格的不成熟，在自由观的形成上极容易产生偏差，那么，对于大学生这样一个较为特殊的群体来说，如果自由观产生了偏差，那么对于其三观的树立和培养会造成一定的消极影响，更不利于他们建立全面客观的处世态度，因此，对于高校大学生来说，自由观的培养就是势在必行的，这也是当今思想政治教育以及教育者应该着重考虑和处理的关键。当代大学生存在的自由观念问题主要分为以下几点：

(一)部分大学生未能准确认识到自由应在社会实践和社会关系中实现

人是一切社会关系的总和，大学生群体有其独有的特殊性，对于“自由”的向往也比较高，但是部分高校大学生在追求自由的过程中过分强调自身需求，将个人自由的价值放在首位，而大大地缺乏观看他人和环境的眼睛，一味地忽视个人与社会的联系，把个人与社会进行拆离。此类的高校大学生更加不会注意到选择的权利是由整个社会所提供的。也就是整个社会大环境所提供的。一些高校大学生在追求自由时全凭个人心情和感受，过分关注个人利益的获得以及索取，做事情一意孤行，完全不顾大局和他人感受，甚至有时为了追求自由而对规章制度进行抵触或是挑战，试图触碰道德以及法律的底线，最终结果导致他人和自己追求自由纷纷受阻，反而过犹不及。那么为什么会造成现在这样的结果呢？造成这种情况的原因经过分析，大多都是由于没能够清楚地认识到自由存在的条件和制度准则往往可以对自由进行保护，这些制度以及法律恰恰对自由的存在和发展具有保护性，这也能体现出高校大学生有时太过于看重个人意识，而忽视了或者说未能准确地认识到自由的存在和发展应在社会实践和社会关系中实现，应该生存于道德和法律的保护之下。

（二）部分大学生未能认识到实现自由需要有进行选择的能力和权利

马克思自由观提出实现自由必须要有进行选择的能力和权利，选择的能力和权利这两部分缺少一个都不可以，二者必须同时都要兼备，大学生在实现自由时比较容易忽视自身能力的方面，在追求自由时，一味地看重中想要什么自由以及追求自由的结果，他们并不在乎追求自由的过程，只是一味地过分强调自己需要进行选择做什么和拒绝做什么的权利，他们往往不会考虑到个人自由的受阻是由于自身能力的缺失和不足，往往忽视自身能力所起到的关键性作用，当代大学生在不能充分意识到自己能力缺失的情况下，个人自由的实现受阻，表现出来就是进行选择自由的权利不能够完美实现，达不到他们心理的预期，这样个人自由受阻的结果他们认为都是外界因素造成的，都是由于环境以及制度等因素所造成，但实则是由于个人能力的欠缺和不足，最终导致了结果达不到预期的情况，这样也会致使大学生对自由的认识更加片面和消极，同样也会使得大学生愈发注重权利的实现和目的的达到。

（三）部分大学生未能认识到人与自然和解有助于人的自由全面发展

“人在何种程度上实现自由与人的交往状况是密切相关的，因为一个人的自由发展取决于与之交往的其他一切人的自由发展”。[①]大学生由于人格还未发展健全，缺乏一些明辨是非的能力，但是在实际生活中，人与自然的矛

①林海燕．马克思自由观的内在逻辑[J]．齐鲁学刊．2016(06)．

盾是客观的,根本的。人要想实现劳动,那么必须是在自然之中进行劳动,所以劳动就架立起来人与自然既对立又统一的桥梁和基础,大部分高校大学生在追求自由时往往一意孤行,忽视自己所处的环境。例如,一些大学生在外旅游时,在著名景点随意刻字,又比如随意乱丢垃圾,他们忽视了自然环境和人文道德,他们在不断追求自己的自由时对于人与自然关系的理解还不到位。人与自然的关系往往存在于改造与被改造,索取与给予,破坏与报复的复杂过程之中,如若大学生群体对这一方面知识有一定的欠缺,那么其自身行为就会出现一定的道德问题,轻则追求自由受阻,重则自然被毁坏得更加严重。

(四)高等学校在自由观及中华民族共同体意识教育上的缺失

作为培育高校大学生的载体来说,高等学校承担着大部分的责任与义务,大学生作为特殊的群体,知行的感应能力还在发掘过程中,此时的人格发展也并未健全,这时就急需高等学校提供优秀的教育者来加以引导和帮助,尽可能地辅导大学生树立正确三观(人生观、价值观、世界观),树立较为完善的中华民族共同体意识。但是经过多篇文献分析,发现在这一问题上都出现了相同的状况,那就是高等学校往往会忽视对于学生进行正确自由观及中华民族共同体意识教育的引导作用。高等学校在应试教育的背景下,大多将精力放在了学生的知识教育层面上(但是归根结底,高等学校的教育应包含知、行、礼、义、信等多个方面),所以部分高等学校就缺乏对于自由观及中华民族共同体意识问题的重视,教育者也往往会忽视自由观及中华民族共同体意识的导向作用。高校管理往往采取严格的规章制度以及明令的条例来规定学生们行使自由的权利,而没有对高校学生进行全方位和科学的介绍和分析,学生的选择也非常局限,他们恰恰也只有在规章和准则内有选择做什么或者拒绝做什么的权利,就是大学生自身这样的对于权利的强调,而没有对能力的重要性的告知,使得学生无法正确理解自由实现的真正内涵,对民族关系、性质甚至是国家体制产生怀疑,阻碍中华民族共同体意识的进一步树立与发展。所以,高等学校应该在当今时代加强对高校大学生的自由观及中华民族共同体意识教育。进行大学生自由观及中华民族共同体意识教育也可以加强大学生的政治认同、国家认同程度。

三、对于大学生自由观培养的启示与意义

马克思自由观与马克思的其他理论相同，皆以实践为基础，其最终目的都是为人类未来的发展方向指明道路，实现每个人自由而全面地发展。马克思自由观对于大学生科学自由观及中华民族共同体意识的培养具有重要的启示和意义。

（一）加强大学生“自由——共产主义”信念教育

“社会主义法律制度在社会中是一种权威，能够维护社会各方面的秩序，保护人民的权利和自由；党的领导也是一种权威，能够确保国家治理和法治改革过程中不偏离社会主义性质，最终实现真正的自由——共产主义”①马克思在其理论中为人们指明了一条道路，他们表明只有共产主义才能够使人自由全面地发展，所以这也是当代大学生应该努力奋进的目标和方向。当代大学生确定了自身的目标之后，就更加应该清晰地认识到共产主义是需要人们通过百折不挠的努力之后才能够实现的，没有简单的不劳而获，任何幸福都是要靠双手努力创造的，在实现共产主义社会的道路中高校大学生可能还会遇到许多的问题和挫折，有时甚至会不断地遭遇坎坷，不断地失败以及倒退，但是无论过程多么艰难，当代大学生都要始终坚信马克思自由观能够更好地指导人们认识和改造世界，可以充分地激发人们的潜能，从实践中获得认识世界和改造世界的方法，从而不断超越自我实现个人的社会价值和个体价值，获得真实的自由。

（二）重视对大学生在人与自然关系方面的教育

在我们国家的旅游景点中，可以发现大自然中处处留下被人类改造的痕迹，上到天空，下到海洋，科技文明所带来的后果让人们始料未及，它既为我们提供了便利和快捷，也为我们带来了数不尽的烦恼和忧愁，最为明显的表现就是环境的急剧恶化，生态危机日益加重，资源逐渐短缺等问题，这些问题时时刻刻威胁着人们的生存，阻碍了人们尤其是大学生实现自由的途径，这使大学生面对自然和社会的关系时感觉到茫然无措，无从下手。马克思的自由观为人们解决现实问题提供了重要的思想和理论资源，对于解决人类社会

---

①孙熙国，许文星．论马克思恩格斯的自由观及其当代运用[J]．理论学刊，2017(03)．

现在发展所面临的问题提供了理论支撑和方法指导,这对大学生无疑也提供了思想上以及行动上的指导,不断加深大学生对于人与自然关系的理解,清晰人与社会的真正关系,并且清楚地了解到人和自然的关系是人类生存和发展的基本关系,劳动成为人与自然联系的必要途径和渠道,人必须和自然和谐相处。我国当今大学生需要牢牢把握科学发展观,利用发展的眼光去处理环境问题,在实践中求得真知,同时,高校大学生要在遵循自然发展的客观规律下对自然进行合理充分的改造。大学生应该充分深刻地认识到,在日常生活中树立生态文明的自然观,尊重和掌握自然规律,才有利于实现自由。

(三)培养大学生在中华民族共同体中自由发展的意识

大学生是一个较为特殊的群体,他们年轻有活力,但是他们对世界依旧充满了好奇心,人格发育并未完全健全;此群体的知行表现为失措的状态,做事不够细心谨慎,往往鲁莽冲动;他们有着强烈的成功成才愿望,在面对残酷的现实和丰满的理想进行必要的多元道德选择时,往往表现出对道德认识上的动摇和迷惑,对于法律的界限了解得非常模糊,世界观价值观人生观建设还不够全面。因此介于这个特殊时期,对大学生进行思想上的引导就显得极其重要。大学生关系着国家和民族的未来,对于自由观把握得并不是很全面,这往往影响着大学生的身心发展以及未来目标的形成,所以在这个时期要加强科学自由观教育以及在中华民族共同体中的自由发展教育。高等学校应该积极引导大学生树立科学的自由观念及中华民族共同体意识,引导大学生在构筑中华民族共同体的实践中实现真正的自由发展。

(四)提升大学生的劳动意识

没有不劳而获的快乐和幸福,只有通过劳动才能实现真正的富足,大学生只有通过不断的实践才能实现自己的意志,不断提高获得自由的程度。大学生在追求自由的时候,不但要摆脱在思想上所受到的限制与束缚,更要通过参与社会实践来改造客观环境,不断增强自身的动手能力以及综合素质,通过改善自身的生存条件来突破物质条件对实现自由的制约,尽可能地为实现自由铺路开道。人类只有通过不断的社会实践劳动才能取得更高的自由程度。马克思的自由理论其实是建立在劳动本体论基础之上的,这就要求当代大学生要时时刻刻树立一种观念——只有努力劳动才能获得真正的自由。美好生活是需要大学生用自己的双手打拼的，获得感要在劳动中来创造，应树立刻苦学习、努力奋斗的理想信念，为了实现中华民族伟大复兴而努力奋斗，通过劳动来证明自身的价值和意义，幸福从来不会从天而降，努力也许不会成功，但不努力永远不会成功，大学生需要清楚地认识到辛勤劳动的重要性，这就使得大学生能够更加珍惜自身的劳动成果，同时也尊重他人的劳动成果，肯为他人的劳动成果表示赞同，用自身的努力去不断赢得他人的尊重，得到自己的尊严。

论基于微信公众平台的大学生思想政治教育创新

刘　馨[①]

摘　要：当今时代网络发展日新月异，微信公众平台作为典型代表在新媒体中脱颖而出，网络文化和网络信息向高校大学生扑面而来，对大学生的思想政治教育产生了一定的冲击，也带来了不少的机遇，微信公众平台作为新事物有其优势的一面，也有劣势的一面，我们应认清它的双重性，认清目前高校官方微信平台中思想政治教育发展的问题与挑战，充分利用微信公众平台对大学生思想政治教育予以引导和创新，弘扬社会主旋律，培养合格青年。

关键词：微信公众平台；大学生思想政治教育；创新

随着互联网和人工智能等科技的快速发展，微信公众平台作为网络虚拟社区的代表之一正在蓬勃兴起。全国高校思想政治工作会议提到要进行思想政治教育创新，利用微信公众平台创新高校思想政治教育正是题中之义。应充分利用微信公众平台更新思想政治教育的宣传途径和渠道，创新思想政治教育的形式、方法、载体等，从而更广泛、更快捷地在大学生中传播习近平新时代中国特色社会主义思想，进而更加巩固高校思想政治教育阵地。

①刘馨，1996年生，女，汉族，山东莱西人，研究方向：网络思想政治教育。本文荣获重庆市第九届马克思主义研究生论坛三等奖。

一、微信公众平台及其功用

近年来，微信公众平台的发展十分迅速，已经成功地融入了大学生的日常生活和学习中，并且全方位地影响着他们的思维和行为方式。新时代下借助微信公众平台对大学生思想政治教育进行创新，首先要明确相关概念，了解微信公众平台和高校微信公众平台发展现状，为后续研究提供依据。

（一）微信公众平台的发展

微信公众平台，简称公众号，是由腾讯在2012年推出的利用新媒体技术形成的一个网络平台，以便于各个机构合作推广业务。微信发布的《2019年微信数据报告》显示，2019年微信的月活跃账户数超过了11.5亿，比2018年同期增长6%，由此可见，微信已经潜移默化地融入了中国网民的日常生活。互联网络信息中心（CNNIC）发布的第46次《中国互联网络发展状况统计报告》显示，截至2020年6月，中国手机网民规模已经达到了9.32亿，其中受过大学专科及以上教育的网民群体占18.8%，这反映出大学生已经成为微信公众平台受众群体中必不可少的群体，也反映了社会科学技术的进步。

微信跟随着信息化、网络化的潮流应运而生并飞速发展着，微信给我们带来了各种各样的服务和功能，其中微信公众平台对于人们人生观、价值观、世界观的形成和发展起着至关重要的作用，微信公众平台所承载的内容复杂多样，比如时政热点类、便民服务类、心灵鸡汤类、考试学习类、官方平台类、生活娱乐类等，不同的内容呈现的真实性和虚假性信息交杂，这给理性思维仍在发展的大学生们带来了一定的挑战，面对问题，我们应该利用微信公众平台自身的发展前景和影响力去指引大学生思想政治教育的前进道路。

（二）微信公众平台的功用

1.微信公众平台的功能

微信公众平台作为新媒体时代典型的社交平台之一，占据了网民日常学习、生活和工作的大部分时间。微信公众平台的基本功能主要是消息推送、信息传递、用户管理、文章编辑、排版策划、数据统计等功能，更新之后的微信公众平台还有了查询服务、搜索、点赞打赏等个性化自由化的菜单功能，可以按照不同需求进行不同平台的运营和建设。通过微信公众平台的服务和功能,可以更快捷、更高效地帮助人们掌握实时信息,人们可以第一时间接收到自己感兴趣或者内容重要的消息,并且可以根据自己的意愿订阅相关的服务号,还可以从公众平台里自由选择并使用喜欢的功能。

2.微信公众平台对大学生思想政治教育的功用

面对日新月异的时代,众多高校已经意识到创建微信公众平台的重要性,甚至许多学生组织已经开始建立属于自己的微信公众平台,可以说微信公众平台为大学生的思想政治教育提供了一种可持续发展的途径。作为思想政治教育的网络载体,微信公众平台具有思想政治教育信息承载和传递的功能。承载是传导的前提和基础,向大学生传递社会所要求的政治观点、价值观念、道德规范可以成为微信公众平台载体的一种功能;微信还可促进主客体相互作用,在教育过程中不仅要考虑教育信息是否有效传递,还要考虑信息在被接受之后是否有相应的反馈。微信公众平台可以成为信息反应的催化剂,它能够促进主客体之间发生良性的互动,还能够加快客体向主体的转化,进行自我批评和教育。新时代下,要努力做好网络思想政治教育,高校应紧跟时代潮流,将课堂书本思想政治教育转向微信公众平台,在学生感兴趣容易接受的载体上推进服务和信息共存,内容和质量并进,创新和渗透相融,在学生活跃的领域开展相关的思想政治教育引导活动,从而利用微信公众平台有效地开展大学生思想政治教育。

(三)高校微信公众平台的发展现状

随着信息技术的发展,微信作为新兴的社交软件已经广泛地应用于大学生之中,绝大部分的高校都有自己的官方微信公众平台,而且具有一定的平台受众群体。高覆盖率和传播率使得微信公众平台承载线上思想政治教育环境,推送思想政治理论成为可能,也使得微信成为大学生思想政治工作开展的重要利器。高校学生关注的微信公众平台的内容多种多样,主要分为时政热点类、就业招聘类、学习考试类、心灵鸡汤类、生活服务类、生活娱乐类。通过调查发现,各个高校微信公众平台都已初步建立,基本功能包括学校官方消息发布、发布时事政治信息、表彰优秀学生等,普通微信公众平台该有的功能基本都有,比如公布学校最新发布的规章制度,推送开展的学术论坛讲座,宣传一系列校园文化活动,提供考试日程安排,查询考试信息,安排教学时间，查询校园地图等。

但公众平台功能仍不完善，作为高校的微信公众平台既应有普通微信公众平台的共性，也应该有高校与众不同的个性。大部分高校微信公众平台文章信息更新速度慢，内容枯燥乏味缺少吸引力。与学生贴近的服务和功能欠缺，与大学生思想政治教育的结合度不高，因此高校微信公众平台仍有无限的发展潜力。在共性中寻找个性，建设拥有本校特色的微信公众平台，贴近学生、贴近生活、贴近实际是高校微信公众平台所不断追求的目标。微信公众平台作为新事物有其积极的一面，也有消极的一面，我们应认清事物的双重性以及取长补短、兴利除弊，对微信平台加以不断地引导和创新。

二、微信公众平台对大学生思想政治教育的积极作用

微信公众平台基于自身的优势和功用，对大学生思想政治教育有许多的积极作用，这使它逐步成为高校在新媒体领域育人的主要阵地，其对大学生思想政治教育的积极作用表现为以下四个方面：

（一）更快捷有效地接受相关信息

基于微信公众平台自身海涵众多信息内容，平等交互地传播消息，兼容众多传播手段，跨越时空限制传播信息的特点，高校思想政治教育的理论课程、文化活动、学术论坛等都可以通过微信公众平台进行交流和传播。且大学生一直在追寻网络前沿，对新鲜事物的好奇心极强，课余时间大部分活跃在微信，不少学生都会关注校方微信公众平台。因而通过微信公众平台进行思想政治教育活动可以突破传统模式时间和空间的界限，增加了思想政治教育内容的横向延展度，文字、图片、视频、音频等网络元素使得信息的传播更快捷高效，从而有利于大学生润物细无声地接受有关信息。

（二）拓展了思想政治教育的传播途径

思想政治教育的传播有理论教育、谈话、文化建设和活动、开会、印刷类书刊、电台广播、电视、网络等途径，其中微信公众平台就是网络传播的新兴代表。微信公众平台以其时尚、个性、新颖的特点吸引了众多大学生参与其中，除了校方官微外，各个学院以及各个学生组织都在积极地建设和运营自

身微信公众平台，从而有利于对思想政治教育工作进行高效而广泛的宣传。对于高校思想政治教育工作者来说无疑是一大优势和机遇，高校思想政治教育工作者应紧跟发展潮流，深入了解并熟练使用微信提供的基本功能，通过视频、图片、文字等与学生进行交流，从而有利于我们通过微信公众平台的特殊功能多元化地传递教育信息，极大地提高了思想政治教育的趣味性。微信公众平台还可以定位思想政治教育的受众群体，通过微信公众平台接受推送的信息的受众都是本身对公众号主动进行了选择的用户，他们的主动关注和选择，就代表了微信公众平台受众群体的准确定位，从而实现针对性精准式的开放教育。

（三）增强了思想政治教育的艺术性

在思想政治教育的发展过程中，内容科学严谨固然重要，但随着现代互联网科技的发展，思想政治教育需要随着形势不断变化发展，大学生接受思想政治教育的环境也逐渐由传统课堂向网络发展。大学生的兴趣方向、自身特点也都因时因人而异，而微信公众平台这个自带时尚感、网络感的载体恰恰有利于高校提高其思想政治教育的艺术性层次。网络已经成为影响大学生生活和思想的重要因素，所以通过微信公众平台这个网络载体对大学生进行思想政治教育就成了迫切的现实需要。特别是在一些具体问题上，微信公众平台能够发挥增强思想政治教育艺术性的作用。比如当社会环境发生了巨大变化的时候，高校思想政治教育工作者可以抓住时机，通过文章排版，运用语言的艺术，深入浅出且有针对性地对大学生进行灌输引导，选择时机的艺术也就是教育者能够选择特定对象并在特定时期进行特定的教育内容。

（四）拉近了主客体之间的距离

平等对话是思想政治教育者和教育对象建立良好关系的基本途径，二者之间不是简单的领导和被领导的关系，而是一种双向的互动关系，这种关系首先体现在人格尊严上，思想政治教育者和教育对象都是独立自主、具有主观能动性的个体。微信公众平台具有及时推文、后台留言等功能，这样学生们能够在寝室、教学楼、公共场所、户外等不同位置，可以随时随地利用微信平台向思想政治教育工作者提出自己的问题并得到针对性的解答。

而且思想政治教育工作者和受教育者利用微信公众平台的虚拟性，缩小了彼此之间的心理隔阂，通过网络互动的形式拉近了师生之间的联系，体现了双方平等交流的关系。优化了传统思想政治教育课堂僵化的教师强制灌输模式，教育者可以采取个性化的方式对学生进行引导和帮助。

三、微信公众平台对大学生思想政治教育的挑战

在信息时代背景下，想要对大学生思想政治教育工作进行创新，使其达到理想的效果，首先要明确目前微信公众平台对大学生思想政治教育所带来的挑战，进而才能有效针对问题，找准创新点。

（一）微信公众平台的推广度和特色性仍需提高

微信公众平台仍避免不了作为网络平台的通病，文章内容千篇一律，看多了会引起大众的审美认知疲劳，特别是高校官方的微信平台应努力克服这一难题，不搞形式主义，切实联系本校实际情况。打造自身学校品牌，向着高质量、高水平发展，遇到社会热点时，及时利用微信公众平台发布自己的独特见解，引导学生树立自己的理性思维模式。微信网络信息在大学生思想中的影响正在加大，大学生的思想品德的形成和发展要比以往更加复杂。仅靠单一的课堂教学方式是难以帮助学生形成正确的思想政治品德的，需要全面性、立体化的思想政治教育动态系统。微信公众平台通过"立体化"的引导能够帮助大学生养成良好的思想品德和道德品质，从而实现思想政治教育的目的。

而且在弘扬习近平新时代中国特色社会主义思想的时代浪潮下，高校思想政治教育文化阵地更应该做到引领作用，发展具有学校特色的微信平台。习近平总书记在全国高校思想政治工作会议中也曾指出，"要运用新媒体新技术使工作活起来，推动思想政治工作传统优势同信息技术高度融合，增强时代感和吸引力"①。面对大学生思想政治教育，高校微信公众平台更应该承担起自身的责任，不仅需要在全校师生之间发起号召，还应通过自身平台内容的深远意义去感召校外人士一同进步和学习；不仅需要宣传校内文化活

①吴晶，胡浩．习近平：把思想政治工作贯穿教育教学全过程[EB/OL]，新华网．http://www.xinhuanet.com/politics/2016-12/08/c_1120082577.htm

动，还应拓展国内外、校内外的优秀事迹进行宣传，为当代大学生树立榜样；高校思想政治教育工作者应提高自身科学文化素养，投入到平台的推广和运营当中。

（二）微信公众平台的真实性和权威性仍需加强

微信公众平台作为网络载体，避免不了存在真实性、权威性差的问题，微信公众平台的快捷信息和海量报道决定了其不如传统载体严谨，只看重数量不追求质量，在思想政治教育领域的导向上很容易失去控制。微信公众平台上信息的发布渠道很自由复杂，使得平台上的信息良莠不齐、真伪难辨，容易导致学生们误入歧途。

微信公众平台中存在的负面因素的影响不可忽视，这些负作用包括色情、暴力等腐朽文化的传播，给大学生身心健康发展带来困阻，对社会弘扬的主旋律构成挑战和威胁；网络语言的隐晦性、潮流性对生活中的道德问题可以扭曲表达，从而传播错误思想、错误观点，深深地影响着大学生人生观、价值观、世界观的形成和发展。

（三）微信公众平台的运营仍需优化

网络信息世界里的片段化信息很多，如何解决网络缺思想，思维难入网的问题？除了树立坚定的理论自信和正确的政治立场，还要懂得如何管理和运营微信公众平台，我们要将碎片化的信息进行系统性的整合，并从中提炼出重要观点、重要思想。主动向其他运营效果出色的微信公众平台学习和与其他高校官方微信进行合作，促进互助共赢。

根据辩证唯物主义，规律是客观的，不以人的意志为转移，我们要顺应和利用规律。因此在高校发展微信公众平台的过程中把握规律也是一大挑战，我们要“遵循思想政治教育规律，遵循教育规律，遵循人才成长发展规律，遵循学生接受的规律和心理规律”[①]，推进微信平台更好地发展。面对互联网时代的机遇，面对缤纷复杂的网络环境，高校思想政治教育工作者能否在微信公众平台利用好思想政治教育发展规律和教书育人的规律对大学生进行潜移默化的引导和帮助，能否在网络平台也兼顾好大学生身心发展状况，在吸引眼球的同时又能起到洗涤心灵的作用是一项艰巨挑战。

①冯刚．探索思想政治教育发展的内生动力[M]．北京：人民出版社，2017．

(四)微信公众平台的“三贴近”原则有待提升

在这个互联网时代,微信公众平台的选择问题是一大挑战,平台的发展应遵循“贴近学生、贴近生活、贴近实际”的原则,学生作为独立的主体可以根据自身的主观能动去选择、接受和发布自己感兴趣的信息。因此思想政治教育工作者无法再简单地强制或要求学生单向地接收消息,这对高校思想政治教育工作者就提出了科学文化素养的新标准和高要求。不仅要通过视频、图片、音频、动画等多媒体因素对平台推文进行美化设计,首先吸引住学生的眼球,还要充实文章的内容,多发布和学生息息相关的推文,从学生的心理健康、情感困惑、就业考研等需求实际出发,不断增强教育内容的魅力和公信力,比如普通人的不平凡事迹,可以将内容写活,辅之一些触动人心的细节,使学生能够身临其境地阅读下去并能够从中感受到精神的力量,在日后的学习生活中发挥榜样的力量。除此之外,微信公众平台还应发展一些服务学生的教室查询、成绩查询,考试查询等功能。

四、利用微信公众平台创新大学生思想政治教育

微信作为新时代应用最广泛的新媒体工具,在宣传方面具有巨大的优势。新时代下,高校思想政治教育工作者必须要重视微信公众平台的建设,不断对思想政治教育内容、形式、方法、管理进行创新,充分发挥高校微信公众平台的思想政治教育功能,提高思想政治教育的实效性。

(一)利用微信公众平台对大学生思想政治教育内容进行创新

微信公众平台中我们最熟知的文章类型就是“标题党”,空有雷人的标题缺乏实质性内容,我们应该运用生动有趣的语言来显化题目,吸引住学生的好奇心,在内容上,将枯燥乏味的思想政治教育理论知识与当今时政热点和网络语言相结合,把深刻的道理通过创新的形式和语言讲清楚、讲透彻,为思想政治教育拓展空间。对在当下社会中发生的一些负面事件,我们应利用微信公众平台加以正确地分析,合理引导学生群体的自我保护意识;对于正能量的事件,我们应利用微信公众平台将其与思想政治教育相结合,进行积极的引导。

(二)利用微信公众平台对大学生思想政治教育形式进行创新

1.美化文章排版

网络思想政治教育的成功与否很大程度上在于阅读量和转发量,但也容易出现为了追求阅读量和转发量而丢失初心的情况。微信公众平台中视频、音频、图片、艺术字等多媒体元素可以很好地帮助高校思想政治教育工作者创新思想政治理论教育的形式,在段落与段落之间插入图片;在学生阅读的过程插入音频,必要时辅之以相关的视频。视频可以是从网络上寻找的,也可以是大学生和教师共同拍摄制作完成的,原创视频可以更好地体现本校学生以及当代大学生的精神面貌和自身需求,能够引起广泛的共鸣。通过微信公众平台的传播,很容易使大学生成为主角深入其中、身临其境,从而将理论内化于心,付诸行动。

2.整合思想政治教育理论资源

微信公众平台是一个双向互动开放的平台,我们可以从时间安排上创新,据调查了解公众平台的推文在中午时间发送有利于拓展传播范围的广度,在晚上时间推送有助于提高单位时间内的阅读量,同时互动量也在增长。这样不仅仅在课堂时间传授知识,更可以利用课余时间向学生传播思想政治教育内容,而且学生在观看推文的同时也是具有主观能动性的。他们可以根据自己的时间来决定自己何时观看推文,可以根据自己的兴趣爱好来决定自己观看哪一类推文。这就要求高校思想政治教育工作者对思想政治教育理论资源进行整合创新,将思想政治教育融入大学生考研就业、生活娱乐、心理保健等方方面面。

(三)利用微信公众平台对大学生思想政治教育方法进行创新

创新思想政治教育方法是思想政治教育工作者认知能力、实践能力的发展体现。现在大学生越来越能够通过网络信息来满足自己的信息需求,但这些信息所传递的思想观念、价值标准、时尚风貌不一定与思想政治教育目标相符合,所以发展隐性教育方法是利用微信公众平台创新思想政治教育方法的亮点。虽然大学生本身拥有了一定成熟度的思维认知能力,能够通过各种途径和方式解决部分问题,但仍有一些自身难以解决的困惑需要寻求帮助,因此微信公众平台的虚拟性的优势在此时体现了出来。我们可以利用微信公众平台与思想政治教育工作者沟通交流互动，在两部电子设备的终端面前教育者和受教育者的平等地位更加显著，这种隐性教育可以解决大学生难以启齿的各种问题。在大学生更容易接受的虚拟环境中互动，我们可以直接了解大学生最真实的想法，提高思想政治教育的效率，真正代表青年学生，最终实现大学生自身思想道德素质的提高。

（四）利用微信公众平台对大学生思想政治教育管理进行创新

1. 优化运营团队，科学管理微信公众平台

微信的快速发展为思想政治教育管理创新提供了源源不断的动力，极大地提高了思想政治教育管理的效率，微信公众平台作为新媒体拓展了管理的范围，丰富了管理的渠道，有利于思想政治教育工作者采取多种方式满足大学生多方面需求，使管理服务更加全面。新技术、新知识的要求促进高校微信公众平台在广大师生中挖掘优秀人才，一个好的微信公众平台需要一个好的运营团队。管理团队需要教育者和学生一起团队合作，形成团队教育合力。思想政治教育者应起到对理论知识的引导统领作用，代表了思想政治教育的先进性。学生团队需要具有责任担当，对时代潮流和热点有一定的敏锐度和思考，能够熟练运用设计软件、网络语言，从而使创作出来的推文更加有吸引力。微信公众平台的科学管理不仅仅需要教育者和学生的努力，还需要学校各个部门、机构和学院之间的协调互助。

2. 规范管理机制，科学监督微信公众平台

微信公众平台作为网络载体的自由性强，容易受到外界干扰，因此创新微信公众平台管理机制刻不容缓。高校微信公众平台应建立和完善思想政治教育的信息监督机制，高校思想政治教育工作者和管理者应高度重视网络思想政治教育的重要程度，虽然我们控制不了网络信息的是非优劣、真假好坏，但在高校领域还是可以通过严谨的监管制度对网络信息进行筛选和彻查，及时制止腐朽文化的传播，从一定程度上避免大学生听信虚假和不良信息走入误区。

在创新思想政治教育管理机制方面，还可以发展信息反馈机制，专门研究微信公众平台中出现的棘手问题、热门话题等，针对性地收集和整理相关信息从而直接有效地解决反馈问题。高校应建立和完善这一类微信信息反

馈机制，提高反馈的质量和效率，对大学生的网络舆情进行监督和把关，增强管理队伍决策的科学性、方向性、民主性，强化管理团队的服务意识，让学生真正感受到我们所做的一切都是为学生服务，与他们的切身利益相关，这样大学生才会自觉地接受教育。

五、结语

随着信息技术的发展，微信作为社交软件已经广泛地应用于大学生之中，绝大部分的高校都建立了本校官方微信公众平台并且拥有着一定的粉丝数量即平台受众群体。高校作为思想政治教育文化的主要阵地更应该牢牢把握微信公众平台的契机，将思想政治教育与网络技术深度融合，极大地丰富思想政治教育的内容和传播途径，创新思想政治教育载体，应该充分利用微信公众平台对大学生思想政治教育进行深度创新。

高校网络思想政治教育议题设置研究

——基于议程设置视角

覃 林 高 虹①

摘 要：议程设置理论作为传播学的重要理论，在传播效用层面具有独特的优势。全媒体时代的来临给高校网络思想政治教育带来了机遇和挑战，如何应对这一状况是摆在教育者面前的现实问题。当前高校网络思想政治教育议程设置存在阵地意识不足、议题内容新颖性欠缺、师生媒介素养薄弱、议题传播渠道单一等问题。要提升高校网络思想政治教育的实效性，必须弘扬主流价值观，占领意识形态主阵地；巧妙设置议题，构建互动化传播机制；培养意见领袖，提升师生媒介素养；打造融媒体平台，实现立体化传播。

关键词：议程设置；高校网络思想政治教育；主导权

美国的传播学家马尔科姆·麦库姆斯和唐·纳德肖在1968年关于美国总统选举的查普希尔实证研究中发现：新闻中强调的议题会成为公众认为的重要议题，即媒介议程决定了公众议程。1972年，他们在《舆论季刊》上发表《大众传播媒介的议程设置功能》一文，开创性地提出议程设置理论。议程设置理论认为：大众传播虽然不能决定受众对某一议题的态度和行为，但是它通过巧妙地提供信息、安排议题来吸引受众的目光，从而有效地引导人们关注

①覃林，1995年生，男，汉族，四川巴中人，研究方向：网络思想政治教育；高虹（1996—），女，汉族，四川眉山人，研究方向：网络思想政治教育。本文荣获重庆市第十届马克思主义研究生论坛三等奖。

哪些事实和观点以及关注的先后顺序，也就是说大众传播可以影响人们思考和谈论的内容。[①]高校网络思想政治教育面对信息海量且良莠不齐的现状，需要完整把握议程设置理论的要义，运用议程设置理论引导高校网络思想政治教育实践活动，从而有效开展高校网络思想政治教育。

一、议程设置在高校网络思想政治教育中的价值

议程设置与高校网络思想政治教育都是一种特殊的传播活动，二者具有内在一致性，其目的都是主流意识形态的灌输和教化，将议程设置运用于高校网络思想政治教育之中具有特别重要的意义。

（一）弘扬社会主义核心价值观

议程设置理论着眼于媒介议程是否会影响受众认知，是否会潜在地引导受众基于这种认知做出行为上的选择，以此来探讨媒介对大众传播的效果问题。议程设置理论的深入研究表明：媒介议程不仅能决定公众想什么，而且能引导公众怎么想。我国思想政治教育的根本任务是："用马克思主义、毛泽东思想和中国特色社会主义理论体系教育广大人民群众，培养和造就有理想、有道德、有文化、有纪律的社会主义新人。"[②]议程设置理论的潜在影响效用与网络思想政治教育的发展诉求具有契合性，都以受众的世界观、人生观、价值观的培养为基点。在我国，要培养担当民族复兴大任的时代新人，必须积极培育和弘扬社会主义核心价值观。当前，新媒体以无可比拟的优势和速度占领受众市场，大学生信息辨别能力不强，在尽情享受媒介传播带来的乐趣时，很难辨别良莠不齐的海量信息。大学生只是单纯地活跃在网络带给自己视觉盛宴和听觉兴奋的空间里，很少主动思考媒介信息深层含义和价值导向，长此以往容易形成"信息茧房"，他们的思维方式易于固化，价值判断容易出现偏差。另外，部分高校为在激烈的竞争中实现生存，片面追求教学质量而忽视了对大学生的情感道德教育。在这种情形之下，通过议程设置弘扬和培育社会主义核心价值观，以潜移默化的方式让主流价值观在学生中内化于

---

①马克斯韦尔·麦库姆斯．议程设置：大众媒介与舆论（第二版）[M]．郭镇之，徐培喜，译．北京：北京大学出版社，2018：10.

②陈万柏，张耀灿．思想政治教育学原理（第3版）[M]．北京：高等教育出版社，2015：85.

心、外化于行具有了现实意义。

(二)引导高校网络舆论走向

媒介在设置议题时,采取反复播出此议题的办法,首先触碰受众的视觉和听觉,进而利用受众渐进渗透、累积记忆的心理特点强化此议题在公众心目中的地位,使受众产生认知层面的共鸣,做出行为上的转变,其最终目的是有效引导公众舆论导向。①从本质上讲,网络思想政治教育也是一种特殊的传播活动,思想政治教育者通过科学引导的方式传播社会主流意识形态,使受教育者从内心接受、消化和吸收主流价值观,从而主动加入主流意识形态的支持者和拥护者行列。习近平总书记在全国宣传思想工作会议上强调:"我们的同志一定要增强阵地意识。宣传思想阵地,我们不去占领,人家就会去占领。"②自媒体时代,网络空间新媒体方式多样、价值多元、信息泛滥,高校思想政治教育者要认清形势,强化阵地意识。高校思想政治教育者要深入学习习近平新时代中国特色社会主义思想,以唯物主义历史观、唯物辩证法来看待各种问题,以社会主义核心价值观为导向,看主流、看大局、看大势,客观看待网络和社会中存在的社会现象,明辨是非、激浊扬清。同时,建立分工明确、反馈及时、处理得当的舆情机制,对高校潜在的舆情动态保持高度敏感,熟练驾驭各类新兴媒体,主动、及时地回应舆情,主动设置议题,形成良性舆论导向。

(三)优化师生信息资源配置

议程设置理论以其集聚信息受众注意力和舆论引导的优势为师生信息的辨识和选择提供了优化路径。自媒体时代,信息传播方式发生了转变,话语权转向大众化、平民化。自媒体信息传播渠道的多样、话语表达的便捷除了激发公众个人参与的积极性,也为网络舆情提供发酵场。"人人都是记者"为社会成员带来诸多迥然不同的视角,也使网络舆论场更为喧嚣和复杂。工业和信息化部电子科学技术情报研究所网络舆情研究中心发布的《2017年中国网络媒体公信力调查报告》显示:中国网络媒体存在着网络虚假新闻、网络

---

①洪涛,冯娅楠,马冰玉.新媒体环境下高校网络思想政治教育新理路——基于议程设置理论的解析[J].思想理论教育,2016(12).

②曹征海.一定要增强阵地意识[N].人民日报,2013-11-09(07).

炒作跟风、网络侵权及网络有害信息等问题。怎样才能从海量信息中精拣出符合时代发展主旋律、充满正能量的内容，如何引导大学生科学认识网络空间和现实物理空间出现的各类问题，成为高校网络思想政治教育者必须直面和解决的问题。议程设置紧扣社会主义主流价值观的传播，为师生在良莠不齐的海量信息世界中挑选有价值、有意义的内容提供了指导。

二、高校网络思想政治教育议程设置存在的问题

运用新媒体开展高校网络思想政治教育由来已久，校园媒体设置议题积累了丰富的经验，议程设置效果有了一定的提升，但依然存在一些问题。

（一）高校阵地意识不足

近年来，高校意识形态工作得到了加强和改善，但依然存在一些问题。一是教育理念缺失。部分任课教师存在着注重知识教育，而忽视价值教育的现象。在其他非意识形态课程教学过程中，个别教师否认意识形态教育在高校教学和学生成长中的重要性，在教学实践中排斥意识形态的渗透教育，极大消解了主流意识形态教育的影响力。二是外部环境的冲击。随着我国经济社会的深刻变革、利益格局的深刻调整，在政治领域，一些错误思想观点特别是新自由主义、历史虚无主义伺机冒头，挑战马克思主义在我国的指导地位，恶意攻击党的方针、政策，质疑党的领导权威。在社会生活领域，市场经济带来的负面影响不容小觑，拜金主义、享乐主义、极端个人主义不断滋生蔓延。与此同时，西方敌对势力加紧对我国渗透遏制，不择手段地对我国进行价值观输入，加大力度策动“颜色革命”，扶植国内外敌对势力，想方设法争夺我国意识形态领域的话语权。捏造历史和真相，贬低丑化民族英雄，美化、宣扬西方价值观，网络空间中的话语失范层出不穷。高校作为意识形态的前沿阵地，意识形态工作应该在师生中引起足够的重视。

（二）议题内容新颖性欠缺

高校网络思想政治教育部分议题忽视和脱离了大学生的现实需求，在设置议题时以空洞的理论说教和偏离实际的话题为主。这种议题的最大弊端在于远离了大学生的主观需要，没有充分考虑大学生的身心发展特点，很难

满足大学生的内在需求。高校在设置思想政治教育议题时，依然将单向的灌输作为主课堂，简单枯燥的教育方式很难吸引大学生的眼球。议程设置理论明确指出：受众对于媒介的需求是影响议程设置效果强与弱的重要因素之一。所以，教育者在议程设置的过程中，要更加重视大学生的主体地位，充分利用互联网这个平台，按照大学生的真正需求和接受习惯设置议题，才能达到事半功倍的教育效果。对于大学生关注的社会热点和校园焦点，高校教育者要及时回应并解决，只有将大学生的诉求融入议题设置，才能更好地实现思想政治教育的预期效果。

（三）师生媒介素养薄弱

在目前高校网络思想政治教育中，传播者媒介素养有待提升，师生对媒介缺乏宏观认识，对网络信息的辨别能力不强，熟练运用媒介为师生服务的能力还不够，网络道德和法律意识有待提升。新媒体环境下，信息传播呈现出速度更快、形态多样和内容多元的特点，使得大学生群体更加青睐于运用新媒体表达自我。但被海量信息裹挟的他们应该如何主动地、积极地、理性地认识媒介传播，又如何运用媒介来提高自己的综合素质？提升媒介素养成为一项刻不容缓的任务，而且思想政治教育者和大学生均面临着媒介素养培育的问题，这不仅是新媒体时代高校网络思想政治教育主客体应对“拟态”环境中机遇与挑战并存的必备素质，更是高校网络思想政治教育开拓创新、与时俱进的生动体现。高水准的媒介素养可以使传播者深刻认识媒介信息背后的价值导向，自觉抵制负面信息，选择有价值、有意义的信息，促进师生健康成长。因此，高校思想政治教育者必须认识到，提升师生的媒介素养对于达成理想的议程设置效果至关重要。

（四）议题传播渠道单一

自媒体时代，传统媒体单一的传播渠道和内容生产机制很难再适应今天的传播生态，实现传统媒体与新媒体的深度融合，推动二者的优势互补、一体发展至关重要。信息化时代话语渠道已经拓展到网络空间，受众也被分流到了网络空间，这给高校网络思想政治教育带来的既是机遇也是挑战。当前高校网络思想政治教育传播主要采用网站建设和信息单一发布等旧方式，依旧无法摆脱单向的思想灌输,这种方式势必导致大学生对思想政治教育产生抵触心理,进而无法达成思想政治教育的预期效果。当前,很多高校都开通了新媒体平台,如微博、微信公众号、抖音等,拓展了高校网络思想政治教育渠道。但仅仅搬运传统媒体生产的内容,难以吸引师生的注意力,也就不能达到理想的教育效果。教育者要认清当前分众化、差异化传播趋势,突出传播方式的多样化的同时,抓住各类新媒体平台的特色,基于受众的实际需要,有针对性地挖掘优质内容,不断提升用户体验,增强受众黏合,提升议题传播的有效性。

三、高校网络思想政治教育议程设置的路径

媒介融合发展推动着全媒体时代的到来,传播生态和传播景观的转变对于高校网络思想政治教育既是机遇又是挑战,提升高校网络思想政治教育的实效性是教育者必须面对的现实问题。

(一)弘扬主流价值观,占领意识形态主阵地

高校是意识形态的前沿阵地,是引领社会思潮的重要力量。做好思想政治工作,要在党的坚强领导下,牢牢把握意识形态工作主动权,守住意识形态阵地和教书育人阵地。高校是培养社会主义事业接班人的重要场所,高校这块意识形态的高地如果我们不去坚守,各种非马克思主义、反马克思主义的错误思想就会乘虚而入,各种思想杂草就会丛生。要建好意识形态工作阵地首要的就是要遵循党性原则,党性原则是高校意识形态工作的根本原则,做好高校思想政治工作,必须坚定社会主义办学方向,敢于发声亮剑。坚持正面教育为主的方针,弘扬主旋律、传播正能量,牢牢坚持和巩固马克思主义指导地位,引导青年学生形成正确的世界观、人生观、价值观。要始终保持政治清醒和政治定力,绷紧意识形态这根弦,以高度的政治责任感使命感,把高校意识形态工作的主导权牢牢抓在手上,为中国特色社会主义事业培养合格的接班人。充分发挥高校意识形态工作阵地的功能和作用,还必须有明确的问题意识才能抓住要害。高校网络思想政治工作的对象是高校教师和青年学生,做好高校网络思想政治工作需要认识和把握高校师生所处的学习、工作、

生活环境，结合自身实际深入研究高校网络思想政治工作的内在规律，明晰高校意识形态工作的现状，有针对性地应对出现的问题，提升高校网络思想政治工作的成效。

（二）巧妙设置议题，构建互动化传播机制

在设置议题时，教育者应对话题分析评估，坚守社会主义核心价值观，考虑案例是否具有代表性，能否引导好达到预期的效果。选择的议题要符合大学生的身心发展特点，要围绕学生精神需求、围绕生活、围绕大学生密切关注的话题。议题表达方式不能拘泥于固定模式，要结合年轻人的心理特点和网络话语表达偏好，走进大学生的现实生活、内心世界。在广泛搜集各类话题的同时，要注重各种议题的整合，对各类议题进行分类，将正面的议题放入大学生的实际生活中，同时要积极主动消解负面的、非主流的议题。对于网络上的有害信息、虚假新闻、各种谣言，教育者要及时回应并解决，避免负面舆情的酝酿，从而有效化解校园舆情危机。高校要利用新媒体平台的优势，激励师生平等交流，引导学生充分利用互联网这个平台发表自己的观点和看法，促进各种思想的交流交融交锋，充分交流互动，了解受众的思想动态，有针对性地设置议题，为同学们释疑解惑，传递正能量。

（三）培养意见领袖，提升师生媒介素养

习近平总书记指出："媒体竞争关键是人才竞争，媒体优势核心是人才优势。要加快培养造就一支政治坚定、业务精湛、作风优良、党和人民放心的新闻舆论工作队伍。新闻舆论工作者要增强政治家办报意识，在围绕中心、服务大局中找准坐标定位，牢记社会责任，不断解决好'为了谁、依靠谁、我是谁'这个根本问题。要提高业务能力，勤学习、多锻炼，努力成为全媒型、专家型人才。"[①]全媒体时代的到来更加迫切需要加速提升传播者的媒介素养，而传播者媒介素养的低层次性，已经极大地影响了高校网络思想政治教育的实际效果。在高校思想政治教育领域，着力提高网上舆论宣传和斗争的能力，亟须培养一支既懂得思想政治教育专业知识又熟知网络技术和传播的师生队伍。思想政治教育工作者应该具备媒介传播的基本知识，掌握大众传媒内容的生产流程和传播规律，深入师生的日常生活，充分了解师生的思想动向。

①担负起新闻舆论工作的职责和使命[N].人民日报，2016-02-20(04).

同时，要正视现实社会和网络空间出现的各种新情况，增强师生理性认识新媒体、科学运用新媒体的能力，培养师生对于虚假、敏感信息的自觉抵制和辨别能力，积极发掘教师、学生中的积极分子和榜样，主动设置议题，传播正能量，发挥“意见领袖”的带动作用。

（四）打造融媒体平台，实现立体化传播

全媒体时代媒介融合成为大众传媒改革发展的方向，高校要努力做大做强互联网正面宣传，努力使网络空间成为凝聚师生共识的有效平台。建设一个更高层面的校媒融合平台，高校需要在原有内容管理平台基础上升级改造，针对校级“两微一端”平台等媒体的视音频、图文素材进行汇聚和集中呈现，同时具备资源检索、分类归并、多渠道分发等功能。校园融合媒体平台的建设目标应是打造不同媒体共同采编，多平台分发，实现 PC 端、移动端联动，多媒体融合，组合式传播的全新的技术手段和多终端的媒体平台。[①]重构新闻生产与传播流程，充分发挥不同媒介优势，展现师生良好的精神面貌，多角度、全方位、立体化开展校园资讯报道与服务，以师生喜好的新颖形式设置议题，开展各类专题报道，形成各具特色、相互呼应、相互融通的网络新闻舆论传播生态，持续巩固加深主流舆论影响力。

高校作为意识形态的前沿阵地，肩负着立德树人的神圣使命，网络空间各种观点、思潮交融和交锋，如何达成大学生对主流意识形态的情感认同、价值共识和行为自觉，对于党和国家、社会、个人都具有特别重要的意义。议程设置的深入研究为高校网络思想政治教育提供了宝贵经验和有益借鉴，利用议程设置提升高校网络思想政治教育实效性具有现实可行性，如何增强校园媒体议程设置能力值得进一步深入研究。

①郑杰.打造校园全媒体链矩阵，助力高校版可视化融媒体平台建设[J].传播力研究，2018(16).

马克思主义职业观对当代大学生择业的启示

伍　志[①]

摘　要：当前很多大学生对职业没有形成科学的认知，在择业时非常迷茫。本文从马克思主义职业观角度出发，分析人生价值和社会价值的辩证关系，讨论自我价值实现与社会需要相统一的方式，引导大学生坚定马克思主义信仰，在实践中明晰择业方向，为实现社会价值和自身价值而艰苦奋斗。

关键词：马克思主义职业观；大学生；择业

职业是社会分工的产物，具有社会历史性和鲜明的时代特征。职业观是择业者对职业的认识和态度，是世界观、价值观、人生观在职业选择上的具体表现，属于社会意识的范畴。职业观作为一种社会意识，对社会的发展有着重要的影响。社会个人的职业观会影响自身的职业选择和职业方向，也影响着社会人才资源的流向，从而对国家政治、经济、文化、产业结构等多方面都会形成链带影响。对于职业的认识，马克思曾写道："如果我们选择了最能为人类而工作的职业，那么，重担就不能把我们压倒，因为这是为大家作出的牺牲；那时我们所享受的就不是可怜的、有限的、自私的乐趣，我们的幸福将属于千百万人，我们的事业将悄然无声地存在下去，但是它会永远发挥作用，而

①伍志，1994年生，男，汉族，重庆开州人，研究方向：中国特色社会主义政治文明建设研究。本文荣获"马克思主义与当代大学生的使命"主题征文活动三等奖。

面对我们的骨灰,高尚的人们将洒下热泪。"[①]马克思从人类社会的角度理解职业,形成的职业观对大学生择业有着重要的指导意义。

一、明确人生的真正价值在于社会价值

马克思认为:"人的本质不是单个人所固有的抽象物,在其现实性上,它是一切社会关系的总和。"[②]社会性是人的本质属性,人的发展是社会发展的核心。职业是对不同劳动的分类,是获得生产资料和生活资料的途径,更是实现个人价值的重要方式。正是职业具有社会价值效力,因此人生才能具有更加深刻的内涵。因此,要引导大学生在择业时站在新时代发展机遇上确立与自身实际相符合的职业目标,将个人职业追求与整个国家、社会发展需要结合起来,正视当代大学生应有的责任感和使命感,把实现人生价值作为职业选择的目标,把实现社会价值作为实现人生价值的最终目的。

二、自我价值的实现与社会需要相统一

马克思主义认为,人的本质在其现实性上,人是一切社会关系的总和。在整个社会历史发展过程中,作为社会主体的个人,受到社会历史发展条件的制约。党的十九大报告指出,我国仍处于并将长期处于社会主义初级阶段,我国社会的主要矛盾是人民日益增长的美好生活需要和不平衡不充分的发展之间的矛盾。因此,作为社会属性的个人在选择职业时要把崇高的职业理想和社会需求相统一,既要仰望星空,又要脚踏实地。要把满足社会发展需求作为自身奋斗的方向和目标,把实现自身价值同社会需要结合起来,先就业,后择业。要坚定职业信心,坚信在任何岗位都能做出一番成就。马克思曾写道:"在选择职业时,我们应该遵循的主要指针是人类的幸福和我们自身的完美。"[③]大学生择业时首先应该想到人民的需要、人民的利益,在满足社会需要的过程中实现自我价值。

---

①马克思恩格斯全集:第一卷[M].北京:人民出版社,1995:459-460.

②马克思恩格斯选集:第一卷[M].北京:人民出版社,2012:135.

③马克思恩格斯全集:第一卷[M].北京:人民出版社,1995:459.

三、在实践中明晰择业方向

马克思在《关于费尔巴哈的提纲》中提道："人的思维是否具有客观的真理性，这不是一个理论的问题，而是一个实践的问题。人应该在实践中证明自己思维的真理性，即自己思维的现实性和力量，自己思维的此岸性。"①大学生职业观培养同样要以实践为基础，要鼓励学生多进行社会实践，在实践中明确自身职业方向、职业特点、职业能力，而不是简单通过各种职业发展理论分析或职业测评软件去选择职业方向。当前大学生面临着巨大的就业压力，在实践同时，学校应该引导大学生积极自主创业，实现个人才能的创造性转化和创新性发展，用新的思维方式改造传统行业，提升行业效率。在实践中不断总结经验教训，最终明晰择业方向。

四、坚定马克思主义信仰，发扬艰苦奋斗精神

信仰是人的思想灵魂，是人能面对困难而坚持不懈的精神支柱。马克思主义是经过实践检验的科学的世界观和方法论，大学生应该坚定马克思主义信仰，传承发扬马克思主义理论，运用马克思主义立场、观点和方法发现问题，解决问题。人生的旅途不会一帆风顺，我们既要有坚定的信仰又必须要有艰苦奋斗的精神。艰苦奋斗是中华民族的传统美德，也是大学生在工作中实现自我价值的精神支撑。马克思作为当时世界最贫困的无产者，在穷困、病痛、谣言中依然艰苦奋斗创作了马克思主义经典理论，把毕生献给了无产阶级革命事业。面对生活的艰苦，大学生应该学习马克思的艰苦奋斗精神，把困难作为人生的历练场，通过不断的艰苦磨砺，充分激发自身潜能，成长为对社会和国家有价值的人，从而实现人生价值和社会价值的统一。

---

①马克思恩格斯选集：第一卷[M].北京：人民出版社，2012：134.

第二篇　思想政治理论课建设研究

情怀要深：思政课教师的灵魂

李晏沄　邢佳振①

摘　要：在新时代的历史背景下，思政课教师也需要与时俱进，“六要”的提出是顺应时代发展要求的。“情怀要深”是讲好思政课的应有之义，是实现立德树人的必然要求，是建设教育强国的基本要求。思政课教师的情怀主要包括深厚的家国情怀、坚定的理想信念情怀和纯粹的师德师爱情怀。因此，思政课教师需要从学好“四史”，增强爱国情、吃透经典理论，坚定信仰观、加深教师情怀，共筑中国梦这三方面来提升情怀深度，拓宽情怀广度。

关键词：情怀要深；思政课教师；爱国情怀

2019年3月18日，习近平总书记在京主持召开学校思想政治理论课教师座谈会并发表重要讲话，在会上，习近平总书记对思想政治理论课（以下简称“思政课”）教师提出了六个要求即“政治要强、情怀要深、思维要新、视野要广、自律要严、人格要正”②，各高校要从这六个方面来推进高素质思政课教师队伍的建设。为了推动思政课的改革创新，落实好立德树人这一根本任务，既要抓住教师这个关键主体，又要打造好思政课这个关键课程。想要办好思

①李晏沄，1996年生，女，汉族，四川成都，研究方向：网络思想政治教育；邢佳振，1995年生，男，汉族，甘肃白银，研究方向：网络思想政治教育。本文荣获重庆市第十届马克思主义研究生论坛二等奖。

②习近平．用新时代中国特色社会主义思想铸魂育人 贯彻党的教育方针落实立德树人根本任务[N]．人民日报，2019-03-19．

政课，就必须要解决好“培养什么人、怎样培养人、为谁培养人”[①]这个根本问题，就必须要提升思政课教师的情怀，推进思政课的守正创新。

一、思政课教师情怀要深的内在依据

所谓情怀，就是一种精神的追求，而这种追求是不涉及或是超越了个人利益的[②]。习近平总书记对思政课教师提出“情怀要深”的要求，正是因为他们肩负着培育担当民族复兴大任的时代新人的历史重任。讲好思政课，实现立德树人的目标，建设教育强国是思政课教师提升情怀的内在依据。

（一）讲好思政课的应有之义

第一，培育时代新人，思政课堂是关键。当今世界各种社会思潮充斥其中，网络时代下，信息获取更加便捷的同时，也使人们，尤其是正处于“拔节孕穗期”的青少年容易受到不良思想的侵害。在这样的时代背景下，理直气壮地办好思政课，就是为了党能够牢牢掌握意识形态工作领导权，引导当代青少年形成正确的价值观，坚持“四个自信”。

第二，讲好思政课，思政课教师是主力。思政课教师要讲好思政课必须具备三方面的职业素养：首先，坚持正确的政治方向，立场坚定，态度端正。其次，要有扎实学识，理论功底深厚，善于运用马克思主义的立场、观点和方法去解决问题。最后，要有坚定的马克思主义信仰，要让有信仰的人讲信仰，这样才能讲好思政课，完成好立德树人这一根本任务。但是追本溯源，办好思政课的关键还是在于增强思政课教师的情怀，对于思政课教师来说，增强的并非个人的小情怀，小热爱，而是对国家、对人民的深厚且宽广的大情怀。所以，思政课教师的情怀不仅要有深度，更要有广度。[③]

第三，学好思想理论，情怀是首要。现如今，高校学生存在“唯分数论”现象，高校教师存在“唯理性”现象，这一趋势导致思政课课堂死气沉沉，学生学习兴致索然。因此，想要推动思政课的改革创新，让学生学好思想理论，就必

①习近平. 用新时代中国特色社会主义思想铸魂育人 贯彻党的教育方针落实立德树人根本任务[N]. 人民日报，2019-03-19.

②刘建军. 思政课教师要做有深广情怀的人[N]. 中国教育报，2019-04-04.

③刘建军. 思政课教师要做有深广情怀的人[N]. 中国教育报，2019-04-04.

须在思想上对思政课教师进行再教育，切实增强思政课教师的情怀。在这个基础上使思政课教师的教学态度能够直接反映其教学情怀，同时一个思政课教师要不断推进教学模式改革、课程内容革新与学习方式变革，促进思政课教学有虚有实、有情有义、有滋有味，增强学生的获得感[①]。

（二）实现立德树人的必然要求

立德，树立德业，中国古代哲人将之列为人生三不朽之首，可见重视德行是中国人民自古以来的追求。树人，培养人才，源自“一年之计，莫如树谷；十年之计，莫如树木；终身之计，莫如树人”（《管子·权修》）。立德然后树人，做有德行的人是成才的前提和基础，而成为有才能的人是有德行的人的价值追求。由此可见，立德树人就是指要培养有德行的人才。

首先，“人无德不立”。习近平总书记曾先后提出把立德树人作为教育的根本任务，要“努力培养担当民族复兴大任的时代新人，培养德智体美劳全面发展的社会主义建设者和接班人”[②]，由此可见，以德育为先的教育理念仍是新时代人们共同的追求。

青少年正处在人生观、价值观、世界观形成的关键时期，而外部影响因素复杂多变，各种社会思潮层出不穷，青少年的辨别能力良莠不齐，不能对其做出正确的判断。那么，怎么引导，用什么引导呢？思政课作为道德教育的主阵地，发挥着不可替代的作用，人民教师尤其是思政课教师在道德教育中发挥着主导作用，对青少年的成长教育起着重要的导向作用。立德树人不仅是检验高校教育成效的根本尺度，更是增强国民综合素质的必由之路。思政课教师在培养青少年品德上责任重大，就要求思政课教师自身要做到知行合一，将爱国主义情怀、理想信念情怀，以及师德情怀都融入于自身的一言一行，在课堂教学中做到内化于心，外化于行，用理论知识和实际行动感染和引导学生，帮助学生树立正确的人生观、价值观、世界观，扣好人生第一颗扣子。

其次，“国无德不兴”。道德对于一个国家和民族来说是至关重要的，一个国家和社会的稳定和发展都需要共同的道德追求作为指引。习近平总书记强调：“如果一个民族，一个国家没有共同的核心价值观，莫衷一是，行无依

①易永平.供给侧视域下高校思政课教学改革对策思考[J].遵义师范学院学报，2019(06).

②习近平.用新时代中国特色社会主义思想铸魂育人贯彻党的教育方针落实立德树人根本任务[N].人民日报，2019-03-19.

归，那这个民族、这个国家就无法前进。”[①]社会主义核心价值观就是新时期道德的标准。它既包括对个人行为的规范，也涉及对社会秩序的规范。每个公民都必须要用社会主义核心价值观来约束自己，因为“国有四维，礼义廉耻。四维不张，国乃灭亡”[②]。这是一种内在的精神力量，是中华儿女共同的价值追求。

（三）建设教育强国的基本要求

教育是什么？“是民族振兴、社会进步的重要基石。”[③]教育的地位是什么？新时期教育的地位：国之大计，党之大计，要优先发展教育事业，教育事业的崇高地位决定了要重视人民教师的地位和作用。

当今世界正处于百年未有之大变局，而当今中国正日益走近世界舞台的中央，展现我国的大国担当，积极构建人类命运共同体。在这一背景下，更需要不断提升我国的综合国力，积极构建人才强国，科技强国，而这些都离不开教育，所以建设教育强国才是发展的根本之策。

党的十九大报告指出，中国特色社会主义社会进入了新时代。在新的时代条件下，全面部署和规划如何推进教育现代化、建设教育强国正是应时之举。百年大计，教育为本；教育大计，教师为本。因此，教师的教育对于建设教育强国有着至关重要的作用。教育要以德育为先，把德育作为国家的立国之本，作为个人的立身之本，那么增强思政课教师的情怀，发挥思政课教师的教育引导作用，有利于更好地推动教育现代化，建设教育强国。

二、思政课教师“情怀要深”的基本要素

情怀要深是习近平总书记对思政课教师提出的六大要求之一，这既是思政课教师的灵魂也是顺利开展思政课的关键。思政课教师应具有深厚的家国情怀、坚定的理想信念情怀、纯粹的师德师爱情怀，这样才能更好地为人民服务、为教育事业服务。

---

①习近平．青年要自觉践行社会主义核心价值观——在北京大学师生座谈会上的讲话[N]．人民日报，2014-05-05.

②习近平．青年要自觉践行社会主义核心价值观——在北京大学师生座谈会上的讲话[N]．人民日报，2014-05-05.

③习近平．坚持中国特色社会主义教育发展道路 培养德智体美劳全面发展的社会主义建设者和接班人[N]．人民日报，2018-09-11.

(一)深厚的家国情怀

所谓爱国主义,可以分开来解释,爱国是指热爱祖国,主义是指一种理念和主张,那么热爱祖国的理念和主张就是指每个人或者集体对自己的国家抱有的一种积极和支持的态度,这种态度集中表现为民族自尊心和自信心,也集中体现为一种奋斗精神。关于爱国主义的本质,列宁曾指出,爱国主义是一种深厚的情感,是在长时间的历史发展中形成的。由此可见,第一,爱国主义是一种情感,是人们在社会实践中长期积累而形成的;第二,爱国主义不是固定不变的,在不同的历史背景下,它的具体内涵会随着时代的发展而发生变化。

首先,具有家国情怀的思政课教师更具有教学使命感。习近平总书记指出,思政课教师情怀要深,要保持家国情怀,心里装着国家和民族,在党和人民的伟大实践中关注时代、关注社会,汲取养分、丰富思想。①在思想上,作为新时代的思政课教师,要求厚植爱国情怀、树立兴国志向,提高强国本领、最后化为报国行动,要心系国家大事,关注时代发展,学习最新理论,用最前沿的理论知识来武装自己的头脑,指导自己的实践。

在教学中,思政课教师要秉承着“人类灵魂的工程师”的教育理念,肩负着培育时代新人的历史重任,要让爱国的人讲爱国,将马克思主义理论,习近平新时代中国特色社会主义思想传授给学生并让学生自觉主动地成为爱国主义思想的传播者和弘扬者。思政课教师对学生进行爱国主义教育,增强学生的爱国主义情怀,帮助学生树立科学的爱国观,使之成为民族前进的精神动力。

其次,具有家国情怀的思政课教师更能成为引路人。《关于深化新时代学校思政课改革创新的若干意见》中指出:统筹推进思政课课程内容建设。坚持用习近平新时代中国特色社会主义思想铸魂育人,以政治认同、家国情怀、道德修养、法治意识、文化素养为重点,以爱党、爱国、爱社会主义、爱人民、爱集体为主线,坚持爱国和爱党爱社会主义相统一,系统开展马克思主义理论教育,系统进行中国特色社会主义和中国梦教育、社会主义核心价值观教育、

①习近平.用新时代中国特色社会主义思想铸魂育人 贯彻党的教育方针落实立德树人根本任务[N].人民日报,2019-03-19.

法治教育、劳动教育、心理健康教育、中华优秀传统文化教育。①通过这些理论学习加深青少年的爱国情感、增强青少年的使命担当、引导青少年养成正确的价值观念。

为人师表，更应树立典范。"师者，人之模范也"，教师是青少年成长道路上学习的榜样，人们常说有什么样的父母就有什么样的子女，换言之，把学生教成什么样的人，自己就应该是什么样的人。青少年无论是在知识层面还是在情感心理上都还未成熟，所以离不开正确的引导和精心的栽培。在这关键时期，思政课教师更应该给青少年树立典范，厚植爱国主义情怀，做他们的引路人，帮助他们树立正确的价值观，弘扬主旋律，积极践行爱国主义精神。

（二）坚定的理想信念情怀

所谓理想信念，理想指的是对未来事物的合理的设想或希望，信念指的是坚定不移的想法。因此，新时代中国人民的理想信念就是指人民对未来共产主义社会的确信：就是要坚信中国特色社会主义道路、理论和制度的正确性，坚信中国特色社会主义的共同理想和中华民族伟大复兴的中国梦一定能实现，始终做到坚定不移地高举和维护中国特色社会主义旗帜。

习近平总书记强调，理想信念是人的志向，志之所趋，无远勿届，穷山距海，不能限也。志之所向，无坚不入，锐兵精甲，不能御也。②由此可见，坚定的理想信念对一个人的影响是巨大的，不论是在革命时期，改革开放时期，还是进入到现代化建设的新时期，中国人民、中国共产党人都用坚定不移的理想信念勇往直前！

第一，理想信念可以增强思政课教师的职业认同感。习近平强调，教师是人类灵魂的工程师，承担着神圣使命。传道者自己首先要明道、信道③。高校教师具有多重身份，他们既是教育者也是受教育者；既是中国特色社会主义文化的传播者也是弘扬者；既是学生成长成才的指导者也是引路人。思政课教师要增强自身的职业认同感，"有信仰的人才能讲信仰"，思政课教师首先应该要做到"真学"：认真学习马克思主义理论，中国特色社会主义思想，提

①中共中央办公厅 国务院办公厅印发《关于深化新时代学校思想政治理论课改革创新的若干意见》的通知[OL].新华社，2019-08-14.

②人民日报评论部.习近平用典（第一辑）[M].北京：人民日报出版社，2018.

③习近平.把思想政治工作贯穿教育教学全过程 开创我国高等教育事业发展新局面[N].人民日报，2016-12-09.

升专业素养，增强理论基础。其次要“真信”：思政课教师身上肩负着培养时代新人的历史使命，承担着传播马克思主义和习近平新时代中国特色社会主义思想的伟大责任，秉持着实现中华民族伟大复兴的理想信念。所以思政课教师更要以身作则，争做表率，要做到“言马”“信马”和“行马”。

第二，理想信念可以提升思政课教师的教学获得感。从教师层面看，教师的职责是传道、授业、解惑，学生对思政课内容的认同感、对思政课堂的参与感，以及在课堂学习后的受益感，都是思政课教师教学获得感的直接来源。[①]因此，思政课教师在教学过程中，首先要坚持“真教”：在课堂上，坚持教师的主导性与学生的主体性相统一的原则，发挥思政课教师的主导作用，引导学生学习正确的理论，树立坚定的理想信念，激发学生在课堂上的主体作用，自觉接受新思想、新理论，主动进行新探索、新实践。其次要践行“真用”：学以致用，思政课教师只有使学生真正运用马克思主义的立场、观点和方法来解决现实生活中的问题，才能真正实现教学任务，获得满足。

第三，理想信念可以提升思政课教师的素质。思政课教师应具备两方面素质，一方面是强化政治素质，作为马克思主义理论的宣扬者，身肩培育时代新人的重任，更应该保持坚定的政治信仰，做马克思主义的忠实拥护者，社会主义和共产主义的坚定信仰者。另一方面是提高思想素质，面对纷繁复杂的外界环境仍要保持政治清醒和政治鉴别力，不受外界话语所迷惑，端正思想认识，坚定政治立场，不断提高自身的思想深度和道德修养。

（三）纯粹的师德师爱情怀

所谓师德，是中华民族的美德之一，是指教师职业道德，教师由于职业的特殊性，肩负着育人的重任，所以对于教师尤其在德行、操守、品格等方面都有更高的要求。所以，师德也就成为教师在进行教育工作时必须遵守的道德规范和行为准则。师德，是教师工作的精髓，“师爱”是指教师对学生无私的爱，它是师德的核心，即“师魂”。师爱是师德的最高表现形式，陶行知先生所说的“捧着一颗心来，不带半根草去”就是对师爱精神最好的诠释。

首先，思政课教师的“德”表现为“以德立身，为人师表”。“教师承担着传播知识、传播思想、传播真理的历史使命，肩负着塑造灵魂、塑造生命、塑造人

①陈淑庄，陈晓燕，黄玉容．试论增强大学生思政课教学获得感的途径[J]．遵义师范学院学报，2019(06)．

的时代重任，是教育发展的第一资源，是国家富强、民族振兴、人民幸福的重要基石。”[①]因此，思政课教师更需要做到学高为师，身正为范，坚持言传和身教，引导广大教师以德立身、以德立学、以德施教。[②]师德是评价教师素养的标准，教师要端正自己的一言一行，以身作则，成为学生的榜样。活到老，学到老，由于教师职业的特殊性，需要教师不断学习，而思政课教师更应该严于律己，治学严谨。

其次，思政课教师的“爱”既体现在对学生的无私奉献上，也体现在对思想政治教育事业的热爱上。关爱学生要重点关注学生“三观”的形成与发展。亚当·斯密的《道德情操论》中指出，一个心思敏感的人，如果意识到有人爱他，他内心就会产生一种满足感，而这种满足感会让他感受到幸福。[③]因此，在青少年三观尚未定型的时期，对他们进行正确的引导，关心他们的成长，关爱他们的身心健康，提升他们的幸福感。热爱事业要集中精力创新思政课堂，使思政课能有生气、更具活力、更接地气。思政课教师坚持传承性与创新性相结合，努力把思政课上得有思想深度、有视野广度、有情怀温度，让青少年对思政课更有期待、更有激情、更有收获。

三、“情怀要深”的提升路径

思政课教师要努力提升情怀，首先要学好党史新中国史，增强爱国情怀；其次需要吃透经典理论，坚定信仰观；最后需要加深教师情怀，共筑中国梦。

（一）学好党史新中国史，增强爱国情

习近平总书记指出，中国共产党的历史是中国近现代以来历史最为可歌可泣的篇章。学习党史和新中国史是坚持和发展中国特色社会主义、把党和国家各项事业继续推向前进的必修课。

首先，从历史中感悟爱国心。历史是最好的教科书，学习好党史新中国史，强化历史思维，立足于中国共产党和新中国发展的历史进程中去体会爱国情感。习近平总书记指出，知史爱党、知史爱国。党史、国史是中国共产党

①中共中央国务院关于全面深化新时代教师队伍建设改革的意见[N].人民日报，2018-02-01.

②习近平.把思想政治工作贯穿教育教学全过程 开创我国高等教育事业发展新局面[N].人民日报，2016-12-09.

③亚当·斯密.道德情操论[M].宋德利，译，南京：译林出版社，2014.

自诞生以来领导中国人民为了实现中国梦的探索史、奋斗史、创业史和发展史。所以在新时代，不仅要对青少年进行爱国主义教育，更需要思政课教师在认真了解和学习了中国共产党奋斗史的基础上加强爱国主义教育，同时在深入学习和领悟中思索新时代中国青年爱国主义教育的意义和路径。只有学好党史新中国史才能使思政课教师的家国情怀更深入、讲课内容更生动、思政课堂更活跃。

其次，从历史中增强爱国情。只有真正了解中国共产党奋斗的历史、新中国发展前进的历史，才会更加理解和平的不易，惊叹中国的发展速度。习近平总书记在纪念五四运动100周年大会上强调，爱国是本分、是职责、是心之所系、情之所归。新时代增强爱国情感，不仅仅在于情感的升华，更在于行动的体现。习近平总书记在国家勋章和国家荣誉称号颁授仪式上指出，新时代必将是大有可为的时代。伟大出自平凡，平凡造就伟大。思政课教师应该从历史理解中领悟爱国情，在教书育人中深化爱国心，在平凡的岗位上做到不平凡。

（二）吃透经典理论，坚定信仰观

习近平总书记强调，我们党一路走来，无论是处于顺境还是逆境，从未动摇对马克思主义的坚定信仰。所以作为思政课教师更要需要静下心来精读原著、精学原文、悟透原理，从而树立正确的马克思主义信仰。

第一，正确的信仰源于科学的理论。中国共产党自成立以来就把马克思主义作为指导思想。实践证明，马克思主义是正确的，是科学的，它指导中国人民走向解放，也必将指导全人类走向解放！马克思不仅发现了人类历史的发展规律，也揭示了资本主义必然灭亡和社会主义必然胜利的历史命运。在马克思主义的指导下，中国人民创造了一个又一个人间奇迹，也表明了中国人民走的道路是正确的，坚定的马克思主义信仰、共产主义信念是正确的，未来世界必将是李大钊所预言的“赤旗的世界”！

第二，复杂的环境要求坚定的信仰。思政课教师必须要坚持正确的价值观导向，坚持主流意识形态的引导。马克思指出，意识形态是阶级社会的特有现象，统治阶级就是把意识形态作为阶级统治的工具。“国家作为第一个支配人的意识形态力量出现在我们面前”“但是，任何意识形态一经产生，就同现有的观念材料相结合而发展起来,并对这些材料做进一步的加工。”[①]不同阶级的意识形态代表着不同阶级的利益,所以,在社会主义阶段,意识形态领域之间的斗争仍然是客观存在且不容忽视的。不论是中国还是其他国家,都会向公民普及自己国家的主流意识形态,更有甚者,会对外通过不同方式进行意识形态渗透。在中国,主流意识形态仍是马克思主义,中国共产党必须坚决牢牢掌握意识形态工作的领导权。思政课教师作为青少年三观形成的引路人,更应该具有坚定的马克思主义信仰,吃透马列经典,切实做到知行合一。

(三)加深教师情怀,共筑中国梦

《关于深化新时代学校思想政治理论课改革创新的若干意见》中提出,要注重推动思政课建设内涵式发展,全面提升学生思想政治理论素养,实现知、情、意、行的统一。[②]由此可见,思政课堂是需要情怀立意,需要一个有温度的课堂来达到内涵式发展的目标。这就需要加深思政课教师的情怀,从而提升课堂情怀,增强学生的情怀体验。[③]思政课教师需要从以下四个方面来加深教师情怀,提升课堂情怀,温暖学生,感染学生。

第一,思政课教师要增强人格魅力。“人格要正”是习近平总书记对思政课教师提出的要求,健康的、积极向上的、具有独特魅力的个人品格才能吸引学生的目光,教师的人格往往代表着教师的一切。所以,思政课教师所要求的正能量的人格的养成也有利于促进爱国主义情怀、理想信念情怀和师德师爱情怀。

第二,思政课教师要提升专业认同。思政课教师作为传道者,首先要成为信道者,要真正认同、热爱并且真诚信仰马克思主义,坚定共产主义的远大理想和中国特色社会主义共同信念。

第三,思政课教师要创新情怀教学。思政课的目的之一就是要培养有情怀的人,从而使学生养成社会主义接班人和建设者的自觉性。思政课教师想要增强课堂的教学自信和情怀自信,就必须要对马克思主义、中国特色社会

①马克思恩格斯文集:第4卷[M].北京:人民出版社,2009.

②中共中央办公厅 国务院办公厅印发《关于深化新时代学校思想政治理论课改革创新的若干意见》的通知[OL].新华社,2019-08-14.

③陈国兵.历史教学:于情怀处育人[J].江苏教育研究,2018(Z1).

主义思想做到真正信仰、真正领悟和真正运用，缺一不可。

第四，思政课教师要修身立德。亚当·斯密的《道德情操论》中提道："温顺礼貌、和蔼可亲、公正谦卑、宽厚仁慈这些美德建立在一种努力的基础上。"[①]所以思政课教师不仅自身要注重德行的培养还要引导青少年自觉主动地树立良好的德行。社会主义核心价值观本身就是一种"德"，思政课教师需要树立师德典型，弘扬师德师风。无论是在课堂教学还是在生活工作中都坚持做到知行合一，通过言传身教将良好的品德行为传授给学生。

四、结语

思想政治理论课的关键在于思政课教师。想要成为一名合格的思政课教师，就必须要具有深厚的家国情怀，用爱国心讲爱国事；就必须树立坚定的马克思主义信仰，用坚定的理想信念补足青年爱国精神之"钙"；就必须胸怀公平公正的师爱之心，使言行一致的德行成为青年学习的榜样。习近平总书记强调，伟大的事业都始于梦想。梦想是激发活力的源泉。中华民族是勇于追梦的民族。青少年是社会发展中最积极，最具活力的力量，其潜力是无穷的，因此，需要思政课教师耐心、细心、用心地引导，共筑中华民族伟大复兴的中国梦。

①亚当·斯密．道德情操论［M］．宋德利，译，南京：译林出版社，2014．

慕课背景下高校思政课教学面临的挑战及对策分析

黄艳君[①]

摘 要:“慕课”作为一种全新的教学模式,在带来新理念、新方式的同时,也对高校思政课教学形成了新挑战,提出了新要求。本文通过对慕课背景下跨时空多元思想文化对我国主流意识形态的冲击,高校思政课传统教学模式面临的全新挑战等进行分析,有针对性地提出要弘扬我国主流意识形态,防止西方意识形态的渗透;要转变传统的思政课教学模式,提高教学的实效性;要提升高校思政课教师的综合素质,以及提升学生自身的学习能力等应对策略。

关键词:慕课;高校思政课;挑战;对策

2019年3月18日,习近平总书记在全国思想政治理论课教师座谈会上强调思想政治理论课是落实立德树人根本任务的关键课程,我们办中国特色社会主义教育,就是要理直气壮开好思政课,用新时代中国特色社会主义思想铸魂育人。[②]这就体现出了思政课在高校人才培养和促进我国各项事业发展中具有不可替代的作用。而今,随着互联网信息技术在开放教育理念中的兴

①黄艳君,1996年生,女,汉族,重庆人,研究方向:网络思想政治教育。本文荣获重庆市第十届马克思主义研究生论坛三等奖。

②习近平主持召开学校思想政治理论课教师座谈会强调用新时代中国特色社会主义思想铸魂育人贯彻党的教育方针落实立德树人根本任务[N].人民日报,2019-03-19.

起与发展，慕课作为一种全新的教学模式，在给高校思政课提供发展机遇的同时，带来了诸多挑战，为我国高校办好思政课提出了许多新要求。因此，分析慕课对我国高校思政课教学带来的挑战及对策，具有现实和理论意义。

一、慕课的历史渊源

慕课（Mooc），全称是“大规模开放在线课程”，作为一种新型的教学模式，近年来风靡全球。在这个高速发展的互联网时代，一台电脑或一部手机，只要是具备上网条件，不论任何人，凡是想学习的不分男女老少、高低贵贱，都可以在网上注册参与完成学习，且不受时间、空间的限制，使得学习也变得全民化。

2007年，美国犹他州立大学大卫·威利教授在维基百科上发布的开放课程，让世界各地的参与者都可以学习到这门课程。自此之后，更多的教授、专家发现了其中的契机，纷纷参与到课程创新中，这便为慕课的诞生奠定了基础。2008年，加拿大学者戴夫·科米尔和布赖恩·亚历山大首次提出了“慕课”这一概念。[①]由于处在萌芽时期，人们对于“慕课”的了解和运用还很浅显，因而慕课得到广泛发展是在2012年，主要建立了以Coursera、Udacity和edX为代表的三大网络平台，这种全新的在线网络教育模式深受学生的欢迎和世界各高校的认可。

我国的慕课建设时间起步稍晚，2013年时慕课正式进入中国，与此同时我国知名高校如北京大学、清华大学、复旦大学等纷纷宣布加入Coursera、Udacity和edX这三大慕课平台，并且在与其合作的过程中，基于我国高校的发展实际进行创新，推出了自己的慕课平台，如清华大学的学堂在线慕课平台，爱课程和网易云课堂推出的中国大学MOOC等。同时，也有很多大学之间联盟建设的“慕课”平台。而今，慕课得到了越来越多学习者的认可，并且在进一步地优化和创新。截至2019年4月，我国已有1000余所高校在网上开设慕课，学习人数超过2亿人次，慕课数量和应用规模居世界第一。

①陈华.MOOC对青少年学习方式的冲击与挑战[J].教学与管理（理论版），2015(7).

二、慕课的内在特征

(一)课程形式的开放性

慕课是一种信息化课程,在网络信息化时代,人际交往超越传统的时空界限,使得世界任何角落的人都可以进行互动,这种超时空性互动使慕课的发展具有开放性。因而慕课在学习方式上大多数是开放的课程,学习者可以根据自己的兴趣、爱好选择课程。又因为慕课课程全部以网络为依托,所以只要有上网条件,无论身在何处都可以免费进行选课学习。只有当你需要学分或课程结业证书时,才需要交纳一定的费用。

(二)课程资源的共享性

慕课尊崇创用共享协议,通过互联网能够为全球范围中具有不同背景的学生提供优质的教学资源。慕课平台所提供的课程资源丰富多样,且课程大多来源于国内外知名高校的积极参与,比如,哈佛大学、麻省理工学院、清华大学、北京大学等,这些知名高校推出了众多优质课程,为广大学习者提供了新的网络学习模式。现在我们只需要在网络上进行简单的注册,就可以体验到不同学校不同老师的网络课程。世界一流的大学、一流的教员、一流的技术,都由于慕课所具有的共享性,从而实现了教育资源的优化配置,促进教育公平。

(三)课程主体的自主性

在慕课平台的学习中,学习者的主观能动性明显增强,能够根据自己的喜好和习惯,制定个性化学习计划。学习者自主选择权得到了扩展,学习活动并不局限于传统的课堂,在可以使用互联网的任何地点、任何时间,借助任何通信手段都可以参加到这个虚拟课堂教学活动中来。[①]具有不受时间空间限制的优点,充分体现了学习者的自主选择性。同时学习者也可以在慕课平台上选择自己感兴趣的课程,选择名校名师,选择优质的教育资源。

(四)课程内容的重复性

慕课作为一种大型开放式网络课程,学习者利用移动设备便可以随时随

---

①李斐,黄明东."慕课"带给高校的机遇与挑战[J].中国高等教育,2014(07).

地学习，其中与传统课堂中的授课形式相比又有新的突破，那就是它具有可重复性的特点。在慕课平台中进行学习时，由于视频是授课老师事先录制好的，所以学习者在学习中突然走神或有没听懂的地方需要老师重复讲解时，可选择后退或者重复播放视频，能够有足够多的时间记笔记和加深对知识点的理解，起到温故知新的作用。

三、慕课背景下高校思政课教学面临的挑战

"慕课"以其具有的开放性、共享性、自主性等特点带来了新理念、新方式，为我国高校思政课教学提供了良好的发展机遇，但与此同时也对高校思政课教学带来了挑战，为高校思政课教学提出了许多新要求。

（一）西方意识形态对我国主流意识形态的冲击

我国的思想政治教育，主要是以马列主义、毛泽东思想和中国特色社会主义理论为指导，传播的是社会主义意识形态。然而，随着慕课的产生与发展在一定程度上对我国主流意识形态造成了影响。其一，慕课是一种信息化课程，其传播方式要依赖于网络，而互联网准入的低门槛使各种思想、思潮、学说在网上并存。这就使得我国主流意识形态与其他国家的意识形态发生交融和碰撞，为我国网络信息安全带来挑战。其二，慕课突破了传统课程的时空限制，学习者能够随时随地获取到自己想要的学习资源，这对于学习者来说固然是一大利处，但任何事物有着其两面性的特点，带来利处的同时它所带来的弊端同样不可小觑。慕课源于西方国家，推崇的是资本主义意识形态，在其慕课中也是积极传播"西方中心"的教育思维，将其文化意识、价值观念利用网络课程的模式无形地排斥、冲击社会主义意识形态，以巩固其文化地位。

（二）慕课对高校思政课传统教学模式的挑战

第一，慕课转换了高校思政课传统教学关系。传统高校思政课课堂中大多是采用教师讲授为主、"我讲你听"等教学模式，一定程度上影响了学生在课堂上出勤率、抬头率、点头率。那么，在这种情况下要将我国的大政方针、主流意识形态深入学生的头脑，传统的以教师为中心的教学模式还需要随着

信息技术的发展加以改进。而慕课课程中采用的是以“学”为本,以“生”为本的教学模式,体现学生是学习的主人,学生可以根据自己的需求,灵活安排学习时间,自主学习课程内容。教师利用慕课设计出“翻转课程”,即教师利用线上课堂提前让学生学习学科知识,在课堂上开展更有意思的教学活动,更注重对知识点进行讨论的形式。教师扮演多重角色,支持、引导学生学习,体现了师生间的交互主体性,相比传统的思政课教学更能够激发学生的学习兴趣。

第二,慕课冲击了高校思政课传统教学手段。“思政课”慕课因其可重复性的特点,使得学习者能够根据自身的实际需求对学习内容进行重复,起到温故知新的作用。相比大学课堂实行的大班教学,教师难以照顾到班级全部学生对知识点的理解能力,导致学生误听甚至误解该知识点,这对我国培养社会主义事业建设者和接班人造成了阻碍。慕课是一种互联网+教育,采用“微课程”等教学模式,在内容制作和课程设计上加以创新,将每节课时间设置成10~20分钟,并且在上课过程中跳出相关问题及时巩固学生对知识的掌握;能够灵活采用PPT、音视频等多媒体教学手段,避免高校课堂中遇到影响教学活动的突发事件,如课上电脑出现故障或突然停电等。因而在“思政课”慕课教学中应用现代信息技术,贴近学生生活,吸引学生兴趣。

第三,慕课改变了高校思政课传统评价方式。在学生成绩考核评价的方式上,慕课平台也与以往高校思政课学生成绩的评定有较大的差距。高校思政课对学生学习成绩的考核方式是由平时成绩加期末考试成绩构成,而其中的平时成绩主要包括学生的出勤情况,上课回答问题情况,以及课后作业的完成情况等,一定程度上能够反映学生的学习情况。但是高校在平时成绩和期末考试成绩二者的比重上更加突出的是考试成绩,这就导致学生对于思政课的学习只注重于期末阶段的集中背诵,并不能够真正达到对知识的吸收,无法考查学生是否能够运用马克思主义理论指导自己的思想和实践。而慕课它所使用的是自动化的线上学习评价系统,采用的是多元化评价方式。通过软件实现课堂测验的评分,在学生每一节课程学习中都会跳出相关的问题及时巩固,并且只有回答正确之后才能继续学习后面的知识点。而慕课学习者的学习成绩虽然主要也是由平时成绩与最后考核两大部分构成,但平时成绩所占的比例比传统课堂教学中要大,且学生之间需要在论坛上进行讨论互评，让每个人都有机会发言，弥补了传统课堂上讨论受限的弊端，因而在平时的学习中学习者便能够更加注重知识点的学习。这种方式对高校思政课学生成绩考核评价方式无疑是一种挑战。

（三）慕课背景下高校思政课教师面临的挑战

第一，对教师身份认同的挑战。慕课时代，学生具有充分的自主性，只要能接通网络，便有机会得到最好的教育，能听到最好的老师讲课。用了慕课后，同一门思政课，就可能有几十个学校不同教师的不同讲法。学生可以根据自己的水平与兴趣来选择一位最适合的教授，如可以选择清华大学、北京大学等名校中的名师授课内容，从而能更好地提升自己。同时，"'慕课'教学形式下，思政课的教学只是由少数'明星'教师担任主讲，其他教师（包括教授、副教授、讲师、助教）都成为主讲教师的助手。"[①]这也就对普通教师造成了影响，在课堂授课中学生对普通教师的认可度降低，学习态度发生转变，这些一定程度上影响高校普通思政教师的授课热情和自身的发展，其自身职业的认同感受到严重威胁。

第二，对教师教学能力的挑战。在慕课中教师将每节课设置成10～20分钟的课程，教师对整门课程教学内容整体把握、精心设计，结合社会发展实际，以及时事热点问题，创新应用"翻转课堂"模式，让思政课"活"起来。这种授课方式给高校思政课教师的信息素养与信息技能提出较高的要求。在慕课背景下，作为普通教师则需要努力提升自身的现代教育教学能力和自身知识理论素质等各方面能力，成为"思政课"慕课的授课者，如果故步自封，将会被社会淘汰，这就为思政课教师教学能力提出了严峻的挑战。

（四）慕课背景下青年学生面临的挑战

第一，对学生思想观念的冲击。青年时期是人的生理、心理急剧变化的时期，是其世界观形成的关键时期，而且青年又是西方意识形态渗透的主要对象和重点对象。前文中提到在慕课背景下我国主流意识形态会受到西方资本主义意识形态的冲击，西方国家通过其慕课课程潜移默化地向人们传播着其价值观念和生活方式，利用网络对青年和青年组织进行言语煽动、混淆视听，蒙蔽不知实情、缺乏判断的青年，这对学生的思想观念产生了影响。

①顾钰民.高校思想政治理论课改革"慕课热"以后的"冷思考"[J].思想理论教育导刊，2016(01).

第二，对学生学习能力的影响。慕课带来的随时随地就可以学习的方式，也为学生的学习能力带来了挑战。一是对学生间的合作学习能力的影响。虽然“慕课”平台中都设置了讨论区供学生间讨论与交流，如“中国大学慕课”的讨论区又划分了综合讨论区、老师答疑区和课堂交流区，但合作学习还是被弱化了。因为一些学生完成慕课平台的认证后，要么敷衍完成，要么根本不理睬，笔者就观察到部分学生选修课程后只是将课程点开刷分，并没有认真对待，只有遇到自己想要听的内容时才会学习一会儿。二是学生自主学习能力受到挑战。在慕课背景下，学生足不出户就可以学习。但离开传统课堂中老师的监督，一些学生自律性差、自控能力弱、自学能力欠缺等问题就暴露出来了。因此离开“学习”的课堂后，学生体现出来的随意性很大。

四、慕课背景下高校思政课教学的应对策略

针对慕课背景下跨时空多元思想文化对我国主流意识形态的冲击，高校思政课传统教学模式面临的全新挑战，还需要提出切实可行的应对措施。才能够让思政课顺应互联网发展的趋势，顺应这种大规模在线课程的发展潮流，能够与时俱进适应学生的发展需求，才能够培养一代代为中华民族伟大复兴的中国梦而奋斗的有志青年。

（一）打造具有中国特色的思政“慕课”平台，防止西方意识形态的渗透

面对慕课背景下，西方国家利用慕课课程对我国青年大学生进行的思想渗透、文化渗透，以及其中内隐的西方意识形态对我国主流意识形态的冲击，我们要深刻认识到其中的严重性和复杂性，采取有力措施加以防范和应对。慕课虽源于美国，但我国在对慕课平台的应用过程中要结合本国实际，不能够照搬照抄，“立足国情，实事求是”是我国历史长期发展得出的重要经验总结，特别是对于思政课的教学，应更加注重建设具有中国特色的“思政”慕课平台。这需要各高校协同合作整合优质教学资源，在思政“慕课”中牢牢站稳马克思主义立场不动摇，培育和践行社会主义核心价值观，意在把社会主义先进文化教育贯穿教学全过程，增强大学生对“四个自信”的价值认同。同时，“思政”慕课课程不仅要面向中国学生，还应面向世界，向全世界宣传马克

思主义、讲述中国故事、传播中国声音。如清华大学冯务中老师便通过edX慕课平台，让中国思政课走向世界，防止西方意识形态的渗透。

(二)在教学模式的选取上，推动传统课堂教学向“混合式”教学转变

第一，落实以学生为中心，实施双主体交互式的教学模式。传统思政课堂中主要是教师在讲台上用言语来传授知识，以“教”为主的教学模式一直占据着统治地位，存在脱离以学生为中心的教学理念。因而在教学模式的选择上，就需要教师合理创新，注重学生的主体地位。可实施“双主体”教学模式，即教师和学生互为主体，营造平等、民主的教学氛围。教师是整个教学活动的主导者，因而在备课时要充分调动学生的积极性、主动性，激发其创造性。所以在教学内容的设计上要贴近学生生活，通过思政课堂教学要解决学生问题，让学生从一种被动的灌输式教学状态中解放出来，从而主动地参与思政课的学习，真正落实以学生为中心。

第二，拓展课堂教学方式，实现线上线下课堂相结合。慕课平台拥有新型的教学模式，给高校传统思政课教学带来了挑战，但并不意味着传统课堂就此失去了自己的地位，高校课堂依然是学生学习的主要形式，高校应适应信息化的发展，借鉴慕课优势，创新传统课堂教学模式。所以，高校思政课教学可拓展课堂教学方式，将慕课平台和大学课堂联系起来，采用线上线下课堂相结合的教学方式。思政课教师在课前发布“微课程”，指导学生课前观看视频，学习知识点，课上老师组织学生进行讨论、答疑、扩展思考。利用这种教学方式，能够在学校的课堂上，实现教师与学生间的思想碰撞，教师对学生第一时间提出的问题，进行有针对性的回答。这种模式能够促进思政课教师从一个讲授者真正变为学生的激励者、启发者。

第三，创新成绩评价机制，实行综合性考核评价。慕课的课程考核评价方式使用的是线上学习评价系统，虽然与传统高校的成绩考核方式相比有一定创新，仍无法真正考查学生是否能够运用马克思主义理论指导自己的思想和行动。[①]对此，可结合慕课的考核模式，需要进一步创新高校对学生成绩考核评价机制。对于高校思政课采取的一次性终结测试，将学生期末考试成绩作为其学习课程的结论性评价的方式进行创新，要更加注重对学生学习的过

①罗瑞娟.“慕课”背景下高校思想政治理论课面临的机遇与挑战分析[J].高教论坛，2017(04).

程性评价，即学生在整个课程学习过程中的表现，包括观看慕课网络课程的进度情况，学习态度，出勤率，课堂教学参与情况，课下作业完成情况等方面进行综合考评，且提升平时成绩所占比重，降低期末考试成绩的比重，并且在出题时，应多设计开放式问题，贴合学生的生活实际，而不是让学生简单地背诵教材知识，更重要的是考查学生对理论知识的理解和运用理论指导现实生活的能力。

（三）慕课背景下提升高校思政课教师的综合素质

第一，学校增加在教师综合素质提升上的投资。慕课在改变教师教学方式的同时，也对教师教学技术的掌握和应用提出了严峻的考验，一些教师在短期内难以掌握这种信息化教学技术手段。因此，这便需要学校方面加以重视，加大对思政课教师的教学技能培训，提高教师运用多媒体信息技术的能力。如学校积极动员组织并加大对教师信息操作技术上的投资比重，让教师积极参与相关培训，学习微课、慕课视频制作，视频、音频的剪辑与录制等，以便教师能够更好地应用到“翻转课堂”教学模式的实践中。

第二，教师要不断加强自身综合素质的培养。在学校思想政治理论课教师座谈会上，习近平总书记指出：“办好思想政治理论课关键在教师，关键在发挥教师的积极性、主动性、创造性。”①这就说明了思政课教师对学生的成长过程中具有重要作用。如今，面对一个经济、生产力与知识飞速发展的时代，慕课微课教学平台带来的挑战，作为教师要不断提升自身的知识、能力素质，必须具备“活到老，学到老”这种终身学习的职业道德，必须紧跟时代步伐，努力学习不断完善自我，与时俱进，这样才能更好地育人。教师应积极借助“慕课”平台提升和塑造自己，增强自身应用现代信息技术的能力。

（四）慕课背景下学生自身能力的培养与提升

第一，提高主流意识形态认同的自觉性。谁拥有青年，谁就能掌握未来。“高校大学生是新中国不断创造奇迹与辉煌的不竭源泉，是培育和践行社会主义核心价值观的中坚力量，但同样也是各种社会思潮争夺的对象和重

①习近平主持召开学校思想政治理论课教师座谈会强调用新时代中国特色社会主义思想铸魂育人贯彻党的教育方针落实立德树人根本任务[N].人民日报，2019-03-19.

点。"[①]在慕课时代，各种各样的思想文化的碰撞与交汇，以及对于其中存在的西方意识形态的渗透等，这就给我国的思政课教育工作带来了巨大的挑战，加强对学生意识形态的引导至关重要。我国优秀传统文化对于学生增强民族自豪感具有重大作用，因而在思政课教学中，教师要认真上好"中国近现代史纲要""毛泽东思想和中国特色社会主义理论体系概论"等课程，让学生去领悟传统文化中的精髓，使其受到革命文化的熏陶，从而提高学生的民族认同感，巩固马克思主义在意识形态领域的指导地位。并能够在慕课平台学习中坚定理想信念，坚定正确的政治方向，拥有强烈的主流意识形态认同感，具备网络信息辨别能力，理性对待西方国家的意识形态，警惕西方资本主义意识形态的渗透。

第二，增强自我学习能力培养的主动性。慕课背景下，学生能够脱离教室、老师和同学，自主地选择时间地点进行学习。那么在这种模式下，除了要提高学生对我国主流意识形态认同的自觉性，学生自我学习能力也显得尤为重要。增强自我学习能力培养的主动性，学生需要做到以下两点：一是增强自律自控能力。如今校园中加入"手机一族"的学生日益增多，越来越多的学生沉迷于手机娱乐活动，这为学生自主学习慕课网络课程造成一定的影响。学生应加强自律自控能力，重视慕课这个思想政治网络教育新阵地，端正学习态度认真观看视频；二是增强自主学习意识。在慕课背景下，学生需要充分发挥主观能动性，增强学习主动性，自行进行学习，因为自主学习的意识是极其重要的。在没有思政课教师监督的情况下，学生可制定一份自己的学习计划，对于每一节视频课同样需要做到课前预习，课中学习并掌握重难点，课后进行总结等。并且在学习的过程中必须转变将思政课看成"副科"的态度，应充分利用慕课带来的随时随地学习模式的便利性，养成自主学习的习惯。

总之，慕课的兴起为我国教育事业的发展带来了巨大的变革。"思政课"慕课也为我国高校思政课教学提出了新的挑战，在慕课背景下想要办好思政课，就需要学校、教师、学生多方联动，共同以积极乐观的态度去迎接挑战。学校高度重视思想政治理论课改革和教师的队伍建设，出台一系列措施加强思政课和教师队伍建设，提升教师的信息化教学能力。教师要不断提升自身

---

①刘鹏成．坚持初心，不忘使命—论如何加强高校思政课建设[J]．学周刊，2019(13)．

的知识、能力素质，必须紧跟时代步伐，努力学习不断完善自我、与时俱进，这样才能更好地育人，做出思想政治理论课教师应有的贡献。学生要坚定社会主义意识形态，端正思政课学习态度，努力成为德智体美劳全面发展的社会主义建设者和接班人。

十九大报告的话语艺术研究

张振卿①

摘　要:十九大报告是新时代中国特色社会主义的一个纲领性文献。作为新时代发展中国特色社会主义的政治宣言及行动纲领,十九大报告的话语表达恰如其分地传达出理论性兼备艺术性的双重受众体验。话语艺术的运用使得十九大报告内容的传递如行云流水,话语风格平易近人,情感共鸣尤为强烈。十九大报告淋漓尽致地体现了我党追求“实”和“新”的清新文风,崇尚求真务实的工作作风,谱写风清气正的宣传新风。

关键词:十九大报告;话语;艺术

话语是信息的载体,是传情达意的符号,是建立沟通的桥梁。善用、巧用、妙用话语艺术不仅可以为话语内容本身润色,亦可从身心层面吸引和打动受众,还可产生意想不到的舆论效应。中国共产党自成立以来就十分注重话语艺术的运用,在动员群众、团结群众、聚拢民心方面累积了较为丰厚的话语经验。无论是文本话语、理论话语、政策话语还是大众话语,中国共产党都在实际工作中充分调动话语艺术运用的积极要素,科学掌握话语表达的艺术要领,因事因地因人地将其应用于党的各项工作,尤其是宣传思想文化工作。

①张振卿,1995年生,男,汉族,河南洛阳人,研究方向:思想政治教育。本文荣获重庆市第十届马克思主义研究生论坛二等奖。

毛泽东是非凡的语言艺术大师，在长期的革命和创作生涯里造就了他独具一格的语言艺术风格。如延安整风运动时期他提出的“惩前毖后，治病救人”的反对主观主义、宗派主义、党八股而采取的两条工作宗旨，不仅生动传神地传递出整风之导向和任务，还极具革命主义的斗志和情怀，可谓感染力十足。邓小平也十分注重话语艺术的运用，他将改革开放的胆子要大一些形容为“不能像小脚女人一样”，把精简机构比拟成“拆庙搬菩萨”，用“东西”“南北”四个字谈世界问题。邓小平的说话之道全然体现了简洁、形象、准确的话语特点。进入新时代，中国共产党更加注重话语艺术的运用。习近平指出要善于用讲故事、举事例、摆事实的方式同频共振、凝聚共识。要善用大白话、大实话和群众语言，要用问题开刀、用现象作靶，要广征博引、纵横捭阖，要抒发大情怀、展现真性情……这对于纠改领导干部讲话，以及报告、文件等的文字表述中假、长、空等不良话风、文风有指引性意义。

十九大报告对中国特色社会主义建设的回顾、总结和展望不仅高屋建瓴、面面俱到，且事无巨细、信有可证。它“系统回答了新时代坚持和发展什么样中国特色社会主义、怎样坚持和发展中国特色社会主义等一系列重大理论和实践问题。”①它向全世界展示了中国共产党的坚强领导，以及“为人民谋幸福、为民族谋复兴”的初心。可就是这32000余字的报告让人们在回望过去，凝望未来的全新历史方位上深切体会到了党的使命担当之伟大，党的领导智慧之高明和党全心全意为人民服务的最高宗旨。32000余字的十九大报告可谓独具匠心，在话语艺术运用上信手拈来、游刃有余、大气得体，较好地表现出理论性不枯燥、艺术性不凡俗的话语魅力。这既有利于完整、精准、恰当地传播党的声音，也有利于广大人民群众与党的声音传播同频、同步；既对普通老百姓学习十九大报告有所裨益，也可让老百姓在了解、学习十九大精神的过程中产生审美体验。

一、以情感人：讲好中国故事，讲中国好故事

十九大报告是新时代讲述中国故事、展现中国风貌的最具代表性、最有影响力、最全面的蓝本和范本。以情感人是十九大报告全文一以贯之、贯彻

①荣开明.新时代中国特色社会主义的重大创新——基于党的十九大报告的分析[J].江汉论坛，2018(09).

表里的文风基调,一个情字使得报告的内容极具情感认同的张力。这正是亿万中华儿女为之动容,打心眼里为党的坚强领导鼓掌叫好,并产生强烈情感共鸣和自豪感、归属感的原因之所在。十九大报告用情以真以深地向世人讲述了鲜活的中国故事,展现了一个真实、立体、全面的中国形象。党的十八大以来,我国各项工作协调共进,经济建设、政治建设、文化建设、社会建设和生态文明建设等都取得了根本性进展,综合国力大幅跃升,国际影响力显著攀升,在国际舞台上的话语底气倍加充足。探索对内对外传播路径,创新对内对外话语体系,打造融通内外的中国表述已成为我国讲述自身故事、呈现真实中国的新思路、新课题和新实践。

从讲好中国故事层面来看,这是党的执政能力、工作方法、宣传方式的重要实践和生动反映。讲好中国故事,目的在于传播好中国声音,这不仅是从对外意义上,更是从对内意义上的客观要求。从讲中国好故事层面来看,这是党在领导人民进行伟大斗争,实现伟大梦想过程中必须同心追求的正面宣传效应。讲中国故事有多种方式,多种口吻,多种素材,但讲中国好故事需要坚持以正面宣传为主的基本原则。讲好中国故事就是要用心用情开展宣传工作,改变"总讲社会灰暗面"的反面案例,坚持正面价值导向的工作方法,增强人们对中国好故事的兴趣感,让好故事营造好的社会舆论风气,让好故事浸润人心,鼓舞斗志。

十九大报告既列举了大量国内外发展大事记,也聚焦于人民群众生活的小细节,淋漓尽致地表达出了党在新时代不忘初心、勠力进取,为人民谋幸福,为民族谋复兴,为世界做贡献的豪情壮志。第一,为人民谋幸福的话语表达平实朴素、深入人心。"人民的幸福线""人民幸福的斗争""人民获得感、幸福感、安全感""美好生活","和谐美丽""房子是用来住的、不是用来炒的"等表述不仅接地气而且近人心,在增进人民情感认同上非常有力。这正是"紧紧围绕保持党同人民群众的血肉联系,增强群众观念和群众感情,不断厚植党执政的群众基础"的生动体现。[①]第二,为民族谋复兴的话语表达既有高度也有令人信服的力度。"中国梦""强军梦""青春梦"等表达简洁明了;"最伟大的梦想","共同的梦想"等表达掷地有声;"全国人民的主心骨","凝聚起同心

①习近平.决胜全面建成小康社会夺取新时代中国特色社会主义伟大胜利——在中国共产党第十九次全国代表大会上的报告[M].人民出版社,2017:66.

共筑中国梦的磅礴力量”，“民族伟大复兴的中国梦终将在一代代青年的接力奋斗中变为现实”等表达振奋人心。这些表达在多重维度上提及民族复兴的任重道远、光辉前景和终将实现之可能，不仅令人心潮澎湃，更在情感共鸣上起到催化作用，对于激励全体中华儿女筑梦前行意义重大。第三，为世界做贡献，构建人类命运共同体，变革全球治理体系的话语表达如雷贯耳，赢得国际国内广泛认同。实施共建“一带一路”倡议，亚洲基础设施投资银行建设，丝路基金的设立，亚太经合组织领导人非正式会议、二十国集团领导人杭州峰会等等一系列外交战略和活动的相关话语表述支撑、建构起了我党对外交流传播的立体式话语体系和中国化话语表达风格，提升了我国国际影响力、塑造力、感召力。

二、以理服人：历史关照现实，理论关照民心

十九大报告为中国共产党集体智慧之成果，全文蕴含体现着习近平新时代中国特色社会主义思想的多重意义，它全面深入地阐释了新时代何以坚持发展中国特色社会主义的现实课题，完备且严密地体现了历史逻辑、实践逻辑及理论逻辑三位一体的相洽相证。“理论的价值在于指导实践，生命力在于回归实践，说服力在于与实践相统一。”[①]以理服人是十九大报告自始至终都关切的话语核心，文字表述背后皆有历史可鉴，皆有理据可寻，皆有真相可证。这种理论与实践紧密相随的话语表达方式是增强理论信服力，推进理论大众化，促进理论进头脑的有效方法。

第一，浩如烟海的历史典籍，纷繁如云的历史典故成为旁征博引的重要论据。古典名句是中华文明源远流长中历经砥砺的智慧之思，是传承中华民族优秀传统文化的经典载体。十九大报告从为政、立德、修身、笃行、信念、法治等众多角度引经据典，话语效果十分传神，意蕴深邃，启迪深刻。开篇引自《华严经》的“不忘初心，方得始终”一句响亮喊出了中国共产党人的历史使命和奋斗方向所在；结尾转引自《礼记·礼运》篇的“大道之行，天下为公”一句向世人郑重宣告天下为天下人所有，中国梦的实现指日可待。引自《战国策·秦策五》的“行百里者半九十”一句更是准确指出民族复兴必须付诸踏实肯干、

①王希军.理论的说服力在于和实践相统一[N].社会科学报，2012-06-21(3).

艰苦卓绝的实践，并非轻轻松松、敲锣打鼓就可完成的。纵览十九大报告，成语、古语、典故、史实、历史人物的笔墨非常之多，引经据典、追根溯源是为了深究其价值内涵并进行新时代的解读，进而增强理论的可读性和说服力，让广大人民群众可听闻，可言说，可实践。

第二，人民群众关切的和关乎人民群众的"最大现实"成为以表决心的佐证。十九大报告指出中国特色社会主义已经进入新时代，这是我国当前发展的"最大现实"。从微观方面来看，这个"最大现实"体现于社会生活的方方面面，而人民群众的美好生活愿望和现实之间的差距是我党要着力解决的"最大现实"问题。群众之事无小事，群众的事便是天大的事。十九大报告在人民群众关注关心的热点难点问题上所传达出的中国共产党人的态度十分坚决和明确，具体做法雷厉风行、可圈可点。针对反腐，提出"反腐败无禁区、全覆盖、零容忍，坚定不移'打虎''拍蝇''猎狐'"。反腐力度之大、范围之广史无前例，不敢腐向不想腐的制度导向十分鲜明。针对脱贫，使"一大批惠民举措落地实施"，"人民获得感显著增强"，"脱贫攻坚战取得决定性进展"。多谋民生之利、多解民生之忧成为最大工作目标。从群众真正关心的问题入手回应群众关切，表露工作决心是以理服人的最直接的论证。

第三，与理论并道而行的是伟大实践，为理论科学性"正名"的是现实所指。习近平总书记强调："理论上不彻底，就难以服人。"而理论是否彻底必须回归实践来审视。十九大报告是理论性与实践性相一致的时代宣言书，其中包含和体现的中国特色社会主义理论都与中国特色社会主义伟大实践相连。马克思指出："人的思维是否具有客观的真理性，这并不是一个理论的问题，而是一个实践的问题。"十九大报告之所以能以理服人，在话语表达上显得干练成熟，一个重要原因在于理论皆有出处，出处皆有现实可寻。提及文化自信，十九大报告指出文化自信是民族强、国运兴的前提和价值所在，它是在世界文化激荡中站稳脚跟的重要源泉，它更是增进民族情感、家国认同，增进自豪感，提供攻坚克难、实现伟大梦想的精神动力。如此论证，这般现实不得不让人心服口服，为报告的精彩陈述叫好。因此，"十九大报告是理论和实践的统一、历史和未来的统一、民族和世界的统一"①。

①胡淼森．感悟十九大报告的"三远"[J]．理论导报，2018(02)．

三、以诚近人:凝心聚力以诚,人心向背以信

“十九大报告是了解中国最权威的教科书”,十九大报告在不仅在群众中引起广泛讨论,也在全球范围引发热议。这当中,一个突出特点就是这个新时代中国共产党的行动纲领用词斟句十分讲究,除了理论话语、政策话语表达之外,充满生活化、通俗化、群众化的语言贯穿其中,俨然是一个群众听得懂、理解得透的报告。这些十分接地气的语言表达也直观地体现了中国共产党以诚近人、与群众“交心”的话语艺术。习近平指出:“我们生而为中国人,最根本的是我们有中国人的独特精神世界,有百姓日用而不觉的价值观。”①十九大报告之所以能打动人心,让人民群众倍感亲近,产生信任感,一个关键原因在于它通篇都体现了“诚”和“信”的价值导向。

第一,人心向背是最大的政治:以信待人、不信思信,不信待人、信思不信。《说文》认为:“诚,信也。从言,成声。”意指待人接物要讲信用,不搞见不得人的把戏。《礼记·中庸》有言:“诚者天之道也,诚之者人之道也。”认为“诚”是“天道”,致力求诚以达诚之境界是为人之道。十九大报告作为时代强音,何以强?除了文中提及的在推进“四个全面”战略布局,实现“五位一体”总体布局的目标进程中所取得的重大成就和重要经验外,凝心聚力,赢得群众认可是重要因素。十九大报告指出,要“弘扬忠诚老实、公道正派、实事求是、清正廉洁等价值观。”可以说,十九大报告十分全面地体现了党的群众观点和群众路线。这是我党旗帜鲜明讲政治、抓党建、讲纪律的根本要求,亦是提升党员的政治觉悟与能力,努力为民造福的政治担当。“一个政党,一个政权,其前途命运取决于人心向背。人民群众反对什么、痛恨什么,我们就要坚决防范和纠正什么。”这不仅是中国共产党提高自身执政能力和领导水平的庄严宣告,更是向14多亿中国人民的郑重承诺。一个光明磊落、说到做到的政党一定是一个人民爱戴和拥护的政党。作为“走在时代前列、人民衷心拥护、勇于自我革命、经得起各种风浪考验、朝气蓬勃的马克思主义执政党。”②中国共产党充分确证和实践了全心全意为人民服务的宗旨,故而,得到广大人民群众的信赖和拥戴是历史和现实之必然。

---

①习近平讲故事:中国人有独特的精神世界[EB/OL].人民网.https://baijiahao.baidu.com/s? id=1648863651111093558&wfr=spider&for=pc.

②吴春艳.从十九大报告看中国共产党对现代政党建设的探索[J].吉林省社会主义学院学报,2018(3).

第二，言必信，行必果：所说之话、允诺之事，都会兑现、终将成真。“以诚待人者，人亦诚而应。”诚信是中华民族的优秀传统美德，也是社会主义核心价值观的重要内容。中国是一个拥有14多亿人口的大国，中国共产党也是一个有数千万党员组成的大党。人无信不立，国无信则亡。十九大报告从国家、社会发展的大局出发，以人民群众日常生活的细节为基点，提出了自身建设、国家发展、社会进步的诸多战略决策和战略部署。实现中华民族伟大复兴的中国梦不仅是理想，也是信念。十九大报告指出，实现中华民族伟大复兴需要全体中华儿女“共担民族复兴的历史责任、共享祖国繁荣富强的伟大荣光”。从历史发展来看，中国共产党始终坚持“人民至上、以人民为主体的人本思维。”①“义无反顾肩负起实现中华民族伟大复兴的历史使命，团结带领人民进行了艰苦卓绝的斗争，谱写了气吞山河的壮丽史诗”。从实现伟大梦想的现实维度来看，中国道路、中国精神和中国力量是实现伟大梦想的重要条件。绵延千年而不绝的“文化养分”，亿万中华儿女所汇聚的“磅礴之力”“锐意进取，埋头苦干”的精神斗志等都将为实现中国梦助力。从党的先进性、引领性来看，伟大梦想的实现要“合乎时代潮流、顺应人民意愿”“无论是弱小还是强大，无论是顺境还是逆境，我们党攻克了一个又一个看似不可攻克的难关，创造了一个又一个彪炳史册的人间奇迹”②十九大报告的字里行间生动地流露出中国共产党的坚强领导、英明睿智、取信于民，以及和群众打成一片的亲民之感。

四、以美动人：审美体验细腻，情感共鸣深切

十九大报告不仅是具有较强理论性的政治文本，也是具有一定可读性的生动读物。仔细品味十九大报告的行文，还会有审美情感体验。作为一个面向全体中华儿女，面向世界的政治宣言，讲究话语表达的通俗性、形象性、生动性是我党在进行话语转换与创新时的基本要求。十九大报告的话语艺术之美可谓美在不言中，其语言通俗但不庸俗，平实但不乏味，有“人情味儿”但不失理论魅力，有用词上的美、押韵上的巧、句式上的多样、修辞上的多变、语

①章娇娜.党的十九大报告蕴含的哲学思维[J].广西社会主义学院学报，2018(02).

②习近平在中国共产党第十九次全国代表大会上的报告[N].人民日报.2017-10-28.

气上的偏重、韵味上的雅致……这些不言之美不仅为理论的阐释增色不少，还为理论的现实指向造势，强化了十九大报告理论宣传的影响，“极大地增强了报告的表现力，形成了特有的庄重之美”①。这对于受众的视听都是一种潜移默化的冲击，也是一种良好身心体验。“譬之时雨春风，沾被卉木，莫不萌动发越，自然日长月化。”十九大报告正如春风化雨般合乎时宜地切合人民群众的心理认知，从人民群众的听、看、感等方面调动了其积极性和体验感。

第一，美在措辞造句上，从行文的外在形式上给人以视觉上的直接美感体验。十九大报告“总结过去、研判现在、统筹未来，充分运用了‘历史’话语表达。”②它的话语表述不仅精准简明、科学严谨，字里行间还给人以深沉、厚重的美的感受，这十分清晰地体现在了文本的措辞造句上。首先，古文写法的引用和应用使得话语表达的效果更富新意，更具感染力。比如“聚天下英才而用之”“缉拿归案、绳之以法”“打铁还须自身硬”“登高望远”“蹄疾步稳”“居安思危”“幼有所育、学有所教、劳有所得、病有所医、老有所养、住有所居、弱有所扶”等。这些文字表述不仅不生硬、不晦涩，反而十分“应景”，让人感觉十分“好嚼”，行文上下还有一种古文范式之美。其次，修辞手法的应用渲染了报告直击人心的情感气氛，让语言的“形美”体现于细微，话语效果以小见大。比如比喻修辞：“各民族像石榴籽一样紧紧抱在一起”；对仗修辞：“历史车轮滚滚向前，时代潮流浩浩荡荡”，“功在当代、利在千秋”；排比修辞：“人人渴望成才、人人努力成才、人人皆可成才、人人尽展其才”等。再次，用词的多样、多变和灵活也尽显“形美”，避免产生视觉疲劳。比如“脱真贫”“真脱贫”“制度化、规范化、法治化、程序化”“最关心最直接最现实”“同心协力”“齐心协力”“勠力同心”“坚定信心”等。

第二，美在语言感受中，从文字的深层意义上给人以强烈的持久的情感体验。除了“形美”的外在、浅层美感体验之外，十九大报告的语言艺术之美还在于受众心中所产生的强烈、持久、深刻的审美情感体验。比如，“绿水青山”“优美生态环境”，自然的“宁静、和谐、美丽”等，这些美不仅是口头上、语言上、文字表述上让人感到美、产生美的想象和体会，更是在坚信这些美“足以实现”的当时、当下，人们内心中那种美好渴望的瞬时满足和长远满足。马

①陈露露，王用源．党的十九大报告的词语使用特点[J]．辽宁教育行政学院学报，2018(4)．

②吴晓璇．党的十九大报告的历史主义审视[J]．中共云南省委党校学报，2018(3)．

克思主义美学观点认为,美根源于实践,劳动创造了美。十九大报告洋洋洒洒的文字表述之所以可以带给人心理上和情感上的冲击,产生主观感受的高度愉悦,是因为十九大报告所有的“形美”“内在美”都源自中国特色社会主义伟大实践。我们每个人都是中国特色社会主义伟大实践的亲历者,因此人们在感受十九大报告的语言之美即是在文字和现实之间找到使二者匹配、联结的情感线索,由此勾连起来一个完整的审美过程。作为一个具有高度政治性又具有宣传意义的报告,十九大报告可谓独具匠心、别具一格,体现出了较高水准的话语艺术风格和审美情致。

五、以境引人:身临其境之感,感同身受之思

十九大报告的话语艺术除了体现在“动之以情”“晓之以理”之外,还体现在话语铺垫和情境创设方面。良好的话语沟通和话语传递必定是通过情境来增强受众的带入感和体验感的。因此,寓情于境、于理,将陈情说理和语境、情境等相结合尤为重要。十九大报告在“境”的营造方面十分讲究,通过大量情境、语境的创设和建构给受众塑造了一个非常自然的接收环境,让理论的传输、思想的传播、观点的传递显得十分得体和到位。另一方面,“境”的创设和营造也让十九大报告想要传递的核心思想、理论、观点等内容可以正向扩散,直入人心,充分提升理论宣传和理论教育的实效性。

第一,身临其境与话语氛围的营造。十九大报告中反复用到了以境引人的话语艺术,在话语新意上,话语吸引上和话语感染上都实现了创新。比如从反腐工作来看,提出“人民群众最痛恨腐败”“腐败是……最大威胁”“反腐败斗争形势依然严峻复杂”,这非常直接、客观地描绘了当前我国政治生态的挑战和反腐工作的严峻环境,为受众营造了一种反腐态势高涨和反腐工作“箭在弦上”的氛围,突出了反腐工作的紧迫性。另一方面,“不能腐的笼子越扎越牢,不想腐的堤坝正在构筑,反腐败斗争压倒性态势已经形成并巩固发展”等反腐行动和形势更进一步为受众烘托了我党对反腐败“无禁区、全覆盖、零容忍”的话语气氛。“重拳反腐,深得党心民心,国人称道,也使官场肃然,人心根基愈加坚实牢靠。”[①]在此基础上,全面从严治党必定成效卓著,“海

①杨国斌,潘丽丝.十九大报告语言风格探析[J].华北水利水电大学学报(社会科学版),2018(04).

晏河清、朗朗乾坤”的良好政治生态也必定指日可待。

第二,触“境”生情与话语效应的生成。情由“境”生,十九大报告营造话语表达的“境”是为了激发受众的“情”,由此来提升其话语传播的实际效果。当前,“党的十九大精神正在落地生根,形成生动实践,化为精神力量。”①因此,激活“境”对“情”的催化作用以推进十九大精神深入群众内心显得十分必要。“感时花溅泪,恨别鸟惊心。”触“境”生情就是要通过“境”对人们情感因素的连锁反应来撼动人的情愫,产生心理上的应激反应和即时感受。以脱贫攻坚为例,十九大报告的相关论述提到,“六千多万贫困人口稳定脱贫”,“贫困发生率从百分之十点二下降到百分之四以下”,实现“贫困县全部摘帽”,“农村贫困人口实现脱贫”。这些论述从脱贫工作的数据上、程度上、目标上非常清楚地给受众展示了我国当前脱贫工作的进展情况以及预期形势。在这样的话语铺垫的情境下,受众自然能感同身受脱贫攻坚工作的不易,也会对未来全面小康的实现抱有期许和信心。同时,受众还会在这样一种话语情境下油然而生对党的认同和拥护,支持党的坚强领导。

第三,情随境迁与话语走向的调整。话语情境的营造是为人的情感认知而设定的,但是话语情境的设定并不是始终不变的,它会随着话语重心和话语内容的导向而变。这不仅是话语艺术讲求的重要原则,也是从受众角度出发,提高与受众的心理互动的必然选择。十九大报告在论述生态环境治理时,首先提到,“生态环境保护任重道远”“人类对大自然的伤害最终会伤及人类自身”,这营造了一种生态环境保护极端重要且“来路漫长”的情境,给人制造了些许紧张、关切的心理。接着又提到,建设“与自然和谐共生的现代化”,“还自然以宁静、和谐、美丽”,这些论述又营造了一种人与自然是生命共同体的话语情境,话语重心转移至人与自然的和谐关系上,这缓解了人们的心理紧张感,同时让人产生了对自然的敬畏感以及对生态问题的理性审视。最后提到,“生态文明建设功在当代、利在千秋”“推动形成人与自然和谐发展现代化建设新格局”,这样的论述营造的是未来发展的光明美好前景,与此前的论述有逻辑上的递进,也有情感上的升华。因此,最后的呼吁:为生态文明建设“作出我们这代人的努力”就显得水到渠成,感情抒发上一气呵成,毫无拖泥带水之感。

---

①李庚全,柏媛媛.十九大精神融入高校思想政治理论课的必要性及路径研究[J].高校辅导员,2018(3).

马克思早期自然观的内涵体系、实践范式与当代意蕴

——从《1844年经济学哲学手稿》到构建“生命共同体”

尹帮文[①]

摘　要:《1844年经济学哲学手稿》中蕴含的“自在的自然”、“自为的自然”和“自在自为的自然”构成了马克思早期自然观的辩证内涵体系。通过对异化劳动的研究和劳动自由本质的阐发,马克思论证了纯粹的自然界经由人化自然发展到自然主义和共产主义的辩证运动过程,从而确立了其自然观中的实践范式。在实践逻辑的基础上,马克思开启了对资本主义生产方式的实践性批判和对未完成的共产主义的批判性建构,为世界无产阶级及其政党从事人与自然全面解放的革命实践运动提供了方法论指导。而作为中国当代马克思主义政党的领导核心,习近平提出构建生命共同体的生态理念正是对马克思这一生态自然观的继承、丰富和发展。

关键词:《1844年经济学哲学手稿》;自然观;实践;生命共同体

马克思于1843年10月底迁居法国巴黎,通过《〈黑格尔法哲学批判〉导言》和《论犹太人问题》的创作完成了世界观和阶级立场的彻底转变。为了总结自己的思想、弄清思考的问题,以及探索和创立无产阶级的新世界观,马克思在工人运动实践经验的基础上,批判性吸收德国古典哲学的积极成果、深

---

①尹帮文,1993年生,男,苗族,湖南邵阳人,研究方向:思想政治教育。本文荣获重庆市第十届马克思主义研究生论坛二等奖。

入研究资产阶级政治经学和各种社会主义文献，最终在1844年6月初至8月撰写了《1844年经济学哲学手稿》。这是一部研究政治经济学和哲学的著作，却蕴含着马克思早期的自然观和丰富的生态思想，因为无论是其唯物主义态度还是共产主义立场，都是通过论证人与源于自然界的劳动产品的关系和人与自然的关系才得到证明的。因此，手稿中马克思的自然观曾一度成为国内学界研究的焦点：如一种主体性视角的解读，认为通过对《手稿》中马克思自然观的分析，区分主体性与人类中心主义，以此辩驳把马克思主义等同于人类中心主义的谬误；①一种形而上学视角的解读，指出马克思在手稿中“从形而上的哲学高度来阐述人与自然之间的密切关系，”其本质是一种辩证的“天人合一”思想；②一种存在论视域的解读，认为马克思从存在论的高度阐明人与自然关系，颠覆了传统形而上学的自然观，开启了达致人与自然本真关系的生存论道路。③诚然，这些工作从不同视角推进了相关研究，但却鲜有立足于文本与思想背景深刻揭示马克思早期自然观实践的辩证的内涵体系；并在实践的范式下将其与当代马克思主义政党的生态思想实现整体性联结。因此，阐发手稿中马克思自然观的辩证内涵体系与当前关于构建生命共同体之间的本质联系，是丰富马克思主义生态思想之必然，也是论证社会主义生态文明建设科学性之必要。

一、马克思自然观的辩证内涵体系

在《1844年经济学哲学手稿》的序言中，马克思指出写作的主要内容：一是在费尔巴哈打下的基础之上继而对国民经济学“以及整个实证”进行批判性考察，二是对“黑格尔的辩证法和整个哲学”进行批判性剖析④，以此完成对现实的资本主义生产方式和黑格尔思辨辩证法的双重批判与整体超越。面对国民经济学家为劳动工资辩护和肯定私有财产的现象，马克思论证了异化劳动和私有财产的辩证关系，揭发了工人在雇佣关系和异化劳动中，因产品

①都岩.主体性与人类中心主义——《1844年经济学哲学手稿》中马克思自然观解读[J].北方从论，2009(04).

②王家传.“天人合一”与马克思早期自然观解读——从马克思《1844年经济学哲学手稿》谈起[J].南京理工大学学报(社会科学版)，2006(02).

③许小委.存在论视域中的人与自然——对《1844年经济学哲学手稿》中马克思自然观的解读[J].吉首大学学报(社会科学版)，2008(07).

④马克思.1844年经济学哲学手稿[M].北京：人民出版社，2018：4.

的丧失造成自身与自然对象的全面对立。正是在这一批判过程中，马克思阐发了从独立于人的纯粹自然；发展出人类社会与人化自然，并在异化劳动的现实下形成人与自然的矛盾；最终通过对矛盾的扬弃以达到人与自然彼此复归的自然主义即共产主义的辩证自然观。

（一）自在的自然：独立于人的纯粹自然界

面对“国民经济学从私有财产的事实出发”而不对这些所谓的事实予以说明，马克思直接指出这种“把私有财产在现实中所经历的物质过程，放进一般的抽象的公式，然后把这些公式当做规律”[①]的做法实质是把“应当加以阐明的东西当做前提”预先承认了。正是因为这种静止的，形而上的前提预设，导致国民经济学不理解社会生产和物质运动的联系，也就无从证明诸如“劳动和资本”“资本和土地”互相分离的真正原因，其结果是“竞争学说同垄断学说”“经营自由的学说同同业公会的学说”“地产分割的学说同大地产的学说”的互相对立和混淆，因此国民经济学家抛开整个生产过程对私有财产的形而上学证明就具有抽象性和不科学性。于是马克思从“当前的国民经济学的事实出发”，开始了追问私有财产这一“事实、事件”的形成问题。事实表明，“劳动所生产的对象，即劳动产品……同劳动相对立。”[②]劳动的产品作为劳动的对象化成果本应属于劳动者自我实现的物质证明，但在私有财产的生产方式下，“劳动的这种对象化表现为工人的非现实化……占有表现为异化、外化。”[③]国民经济学预设私有财产这一前提的危害性就在于掩盖了这种人与劳动产品的异化关系，其逻辑出发点忽视了作为自然生存的人及其与自然对象的互相关系。在国民经济学所制定的私有财产障碍面前，马克思指出在私有财产背后，人类生产和生活的根本条件是自然界，“没有自然界，没有感性的外部世界，工人什么也不能创造。自然界是工人的劳动得以实现、工人的劳动在其中活动、工人的劳动从中生产出和借以生产出自己的产品的材料”[④]。自然界是人对象化和现实化的前提，因为没有自然界提供“劳动加工的对象，劳动就不能存在，”没有自然界提供生活资料，就缺乏“维持工人本身的肉体

①马克思.1844年经济学哲学手稿[M].北京：人民出版社，2018：46.

②马克思.1844年经济学哲学手稿[M].北京：人民出版社，2018：47.

③马克思.1844年经济学哲学手稿[M].北京：人民出版社，2018：47.

④马克思.1844年经济学哲学手稿[M].北京：人民出版社，2018：48.

生存的手段。”[①]因此，若无自然界，人类本身无法生存，也就无所谓私有财产。马克思通过异化劳动论证了人与劳动产品的关系体现了自然整体的优先地位，并在《德意志意识形态》中也强调，即便抛开“原始的、通过自然发生的途径产生的人们，”“外部自然界的优先地位仍然会保持着。”[②]这表明了他与国民经济学出发点的本质区别与他坚持自然物质第一性的唯物主义观点。

（二）自为的自然：自然与人的双向生成及互相对立

一方面，马克思在手稿中指出国民经济学的片面性是“由于不考察工人（劳动）同产品的直接联系而掩盖劳动本质的异化。”[③]即不考察“工人对生产的关系”，也即人与劳动对象（自然对象）的互动关系，使得国民经济学脱离自然界和劳动对象去研究私有财产，将社会劳动的目的归结于为追求发财致富，这就遮蔽了作为自然存在的人及其劳动的自由本质。另一方面，马克思承认黑格尔抓住了劳动的本质。因为黑格尔发现了劳动对人生成的重要作用，他“把人的自我产生看作一个过程，把对象化看作非对象化，看作外化和这种外化的扬弃，”即“把对象性的人、现实的因而是真正的人理解为自己的劳动的结果。”[④]但问题在于，黑格尔为人的劳动植入了唯心主义的抽象前提，认为“劳动是人在外化范围之内的或者作为外化的人的自为的生成”是绝对理念外化出人与自然及其互相关系、形成自我意识、实现理念自我确证的环节而已。如黑格尔所言，劳动是绝对理念通过人类理性在观察“自然、精神以至于自然与精神的关系”时，并在“这个运动历程中寻找作为存在着的现实的它自身”[⑤]的哲学行动。因此，黑格尔游离于社会现实之外抽象地论证了劳动对自我意识的产生和人自我确证的意义，使自然界作为意识的对象，在黑格尔这里就变成了绝对理念派生和设定的精神产物。所以他只看到了劳动积极的能动的方面，却没有看到劳动的物质前提，使他“唯一知道并承认的劳动仅仅是抽象的精神的劳动”。[⑥]而马克思指出，虽然劳动实践作为生命和生产活动是“维持肉体生存的需要的一种手段”产生了人本身，为了“使自己的生

①马克思.1844年经济学哲学手稿[M].北京：人民出版社，2018：48.

②马克思，恩格斯.德意志意识形态（节选本）[M].北京：人民出版社，2018：22.

③马克思.1844年经济学哲学手稿[M].北京：人民出版社，2018：49.

④马克思.1844年经济学哲学手稿[M].北京：人民出版社，2018：98.

⑤黑格尔.精神现象学[M].北京：商务印书馆，2017：184.

⑥马克思.1844年经济学哲学手稿[M].北京：人民出版社，2018：99.

命活动本身变成自己意志的和自己意识的对象，"[①]使人具有意识地从事实践活动，成为一种类存在物；并且人为了"证明自己是有意识的类存在物，"通过实践创造和改造着对象世界，按照人的意识改变着自然对象的形态，相对于"动物只生产自身"而言，"人再生产整个自然界。"[②]但是劳动还有它的消极方面：按照劳动的自由本质，人本应该自由地面对自然对象进行生产活动，但在现实的生产实践中、在私有财产的生产方式中，不仅劳动作为生命活动被异化了，还造成了人与劳动产品、与类本质、与他人之间的全面异化。劳动的消极结果一是使人成为非自然的人，不自由的人；二是使自然成为资本主义生产的手段和牺牲品，这造成了人与自然之间的深刻矛盾。因此在实践活动下，完成了人与自然的双向生成，同样也是因为实践的缘故，造成了人与自然的互相对立。

（三）自在自为的自然：人与自然的双重复归

马克思在论证了国民经济学和黑格尔思辨辩证法的局限性之后，阐发了自己对两者批判的理论态度与整体超越的实践目标。在他看来，国民经济学直接撇开人类生存的自然前提而空谈劳动与私有财产及其互相关系，这种对概念的空洞解释就像把辩证法"运用到政治经济学的范畴上面"一样，其结果是"政治经济学的逻辑学和形而上学"[③]。同样，黑格尔"是站在国民经济学家的立场上"抽象地来认识劳动的，将自然界和人类生活的各个环节看作是抽象自我意识生成的环节，对于实现各个环节的人的劳动，"黑格尔认为那只是哲学的行动"[④]罢了。正是基于这一困境，如上所述，马克思第一步确立了纯粹自然整体的优先的地位；接着论证了劳动在自然与人互相生成中的重要意义，以及异化劳动造成人与自然对立的关键性作用；最后，这里马克思将要揭示在消除异化劳动和私有财产的前提下，实现人彻底解放的革命实践目的，更为重要的是，作为自由、自然存在的人，本质上也是自然本身的全面复归和人与自然对象之间矛盾的和解。因为人与自然之间存着一种辩证的统一关系：即人相对于自然界而言，是从事对象性活动的对象性存在物，"它之所以

①马克思.1844年经济学哲学手稿[M].北京：人民出版社，2018：53.
②马克思.1844年经济学哲学手稿[M].北京：人民出版社，2018：53.
③马克思恩格斯选集：第一卷[M].北京：人民出版社，2012：221.
④马克思.1844年经济学哲学手稿[M].北京：人民出版社，2018：99.

创造或设定对象，只是因为它是被对象设定的，因为它本来就是自然界”[①]；而自然界相对于人而言，“自然界，就它自身不是人的身体而言，是人的无机的身体”[②]。所以，一当考察自然界或人时，就具有人与自然互相关系的双重含义。而“彻底的自然主义或人道主义，既不同于唯心主义，也不同于唯物主义，同时又是把这两者结合起来的真理。”[③]即只有批判性地扬弃那种抽象的唯心主义和僵死机械的唯物主义才能够理解世界历史的秘密，也即在实践中对异化劳动和私有财产进行彻底的扬弃与否定，使劳动归附人本身，成为自由的活动。同时在这样的自由状态下，使人能自觉地意识到自身作为自然的类存在物获得的真正解放，而从自然界的意义上看，这实质上是自然在自由的人身上实现的彻底解放。

如果说，国民经济学和黑格尔的思辨辩证法在不同角度造成了政治经济学和哲学的形而上学之谜，那么马克思则是以劳动实践为钥匙、以自然为基础解开了这些谜团，发现了人类生成的物质前提与社会历史发展的精神动力。并确立了自然主义与共产主义的出发点和理论旨归，阐明了自然界由客观“自在的”纯粹状态，经有意识的人类劳动发展为“主观性与客观性”相统一的“自为存在着的”[④]自然形态，最后通过对异化劳动的扬弃与革命，即在人身上实现自由以达到自然那种“自在自为”即自由状态的辩证运动过程。这里无疑能看出马克思创造性继承了黑格尔“作为推动原则和创造原则的否定性”的辩证法[⑤]，并初步运用这种方法进行实证研究和理论批判，还为这一“批判的形式”赋予了现实的“批判运动”，从而揭示了自然界和人类社会的辩证关系及运动规律，形成了马克思早期自然观的辩证内涵体系。

二、理论与实践的辩证法：马克思自然观中的实践范式

毋庸置疑的是，马克思的自然观是在以劳动实践为工具对国民经济学和黑格尔哲学的理论批判过程中形成的，但同时他并没有局限在理论批判的视

①马克思.1844年经济学哲学手稿[M].北京：人民出版社，2018：102.
②马克思.1844年经济学哲学手稿[M].北京：人民出版社，2018：52.
③马克思.1844年经济学哲学手稿[M].北京：人民出版社，2018：102.
④黑格尔.小逻辑[M].北京：商务印书馆，2003：396.
⑤马克思.1844年经济学哲学手稿[M].北京：人民出版社，2018：98.

域之内，坚持“理论对立本身的解决，只有通过实践方式，只有借助于人的实践力量，才是可能的。”[①]正是立足于实践的出发点和共产主义也即自然主义的落脚点，马克思初步阐发了对资本主义生产方式的实践——批判性范式和对共产主义未来建设的批判——建构性范式，阐明了理论到实践的重要现实意义。

(一)马克思自然观中的实践逻辑

在手稿中，马克思创造性吸收了黑格尔辩证法的合理内核来批判国民经济学孤立自然、掩盖人类劳动及其自由本质的做法；同时，又基于社会现实生产状况，批判了黑格尔哲学将人的劳动进而将人本身抽象化的手段；澄清了劳动对于人与自然对象双方实现“双重对象化”[②]的重要意义，以及劳动之于社会历史发展所具有的“推动”和“创造原则”。正是在这一论证的过程中，马克思系统阐发了自然、人与社会历史辩证统一于劳动实践的共同体思想。其一，自然是一切人及其社会历史得以生成的物质前提，为人及其劳动提供“肉体生存的手段”和生活资料，它具有整体先在性和客观物质性；其二，人是自然进化的产物和“劳动的结果”，是在劳动过程中人作用于自然对象，不断形成具有对象意识，因而也是形成“对象性的”、“现实的”和“真正的”人，它具有对象性和能动性；其三，这种人的“自我”产生的“过程”，即劳动的过程，便是最初的社会历史，因为“整个所谓世界历史不外是人通过人的劳动而诞生的过程。”[③]不外是人与自然和人与人之间的对象化过程，受自然物质和人的意识影响，它具有目的性和规律性。厘清三者形成的辩证系统之后，马克思进而揭示了蕴含其中的核心因素即推动三者进行矛盾运动和发展的辩证性因素，这一因素就是人类劳动或实践活动。关于实践的作用和意义，它是辩证法的真正实现，而“辩证法在对现存事物的肯定的理解中同时包含对现存事物的否定的理解……按其本质来说，它是批判的和革命的。”[④]因此，劳动或实践作为有意识的活动具有的否定性和推动性意义，但问题在于不能像哲学家

①马克思.1844年经济学哲学手稿[M].北京:人民出版社,2018:85.

②倪志安,王培培.马克思实践自然观对我国生态文明建设的理论启示和实践启迪[J].西南大学学报(社会科学版),2011(02).

③马克思.1844年经济学哲学手稿[M].北京:人民出版社,2018:89.

④马克思恩格斯选集:第二卷[M].北京:人民出版社,2012:94.

们那样仅仅发现精神的能动意义并在精神上“用不同的方式解释世界，而问题在于改变世界。”①这要求必须在现实中，在资本主义生产方式的劳动实践中证明这一点，于是，马克思在劳动即实践过程中对资本主义生产方式进行了实践性的批判，并在对空想的粗陋的共产主义批判的基础上对未来共产主义开启了革命性建构的两种实践范式，这两种范式都表明只有通过实践不断对现有矛盾进行否定与扬弃才能真正达到共产主义和自然主义。

（二）对资本主义生产方式的实践——批判性范式

马克思深刻分析了因国民经济学和思辨辩证法造成的一系列理论难题，认为解决这些对立和矛盾的任务不是“认识的任务”，毋宁说它本身是一个“现实生活的任务”。因此，马克思将这些理论之间的矛盾统统置于社会现实中予以分析和解决，立足于国民经济学用私有财产所掩盖异化劳动的实践领域，他开始了整个政治经济学和哲学的批判任务。在马克思看来，首先，私有财产规定了生产资料所有权归资本家所有，就导致与私有财产共生的资本主义生产关系使工人同自己的劳动产品发生异化。其次，又因为劳动产品不能为工人自己占有，这导致在生产过程中使劳动这一作为人去完成现实化和对象化的活动本质上变成异化劳动，甚至在私有财产所确立起来的异化劳动中，“劳动的现实化竟如此表现为非现实化，以致工人非现实化到饿死的地步。”②再次，人是类存在物，劳动作为人的类本质是自由自觉的活动，但在资本主义私有财产的前提下，人既失去了自己自由和自觉的劳动，又失去了实现和确证生命活动的劳动对象，使人同自己的类本质相异化。最后，工人同自己劳动的产品、自己的劳动和自己的类本质相异化的直接结果就是人与人之间的普遍异化。由此就产生了无产阶级和资产阶级及其双方的深刻矛盾。与国民经济学为私有财产进行变相的辩护，以及哲学上通过塑造范畴与概念的本体地位来对资本主义的国家学说和法学进行抽象的实证不同，马克思以实践为武器，对资本主义生产方式进行了实践的批判。在实践——批判性范式下，马克思剖析了异化劳动，揭露了资本主义社会中劳动与资本之间不可调和的矛盾，并指出了私有财产造成异化劳动的必然性，不仅给工人阶级，甚

①马克思恩格斯选集：第一卷[M].北京：人民出版社，2012：136.

②马克思.1844年经济学哲学手稿[M].北京：人民出版社，2018：47.

至整个人类都带来了灾难性后果。只有对私有财产进行现实的革命与扬弃，才能真正意义上消除异化劳动，消除整个工人阶级乃至整个人类的异化状态并实现人的全面解放，为真正的共产主义也即自然主义奠定实践基础。

(三)对共产主义未来建设的批判——建构性范式

在分析了私有财产及其危害性之后，马克思接着阐述了一条消除私有财产和异化劳动并抵达共产主义的革命实践之路，即“对异化的扬弃只有通过付诸实行的共产主义才能完成。”这一共产主义行动包括了两个方面，即“思想上的共产主义”和“现实的共产主义行动。”[①]立足于这一共产主义目标，马克思在分析资本主义生产方式及由其导致的社会矛盾同时，还对各种粗陋的、空想的共产主义学说进行了系统分析和评述，并进而阐发了自己的共产主义观点。马克思认为，诸如蒲鲁东、傅立叶、圣西门等人主张的共产主义都是片面的和“未完成的共产主义”，他们往往纠结于劳动创造社会财富的能力，将其划分为农业劳动和工业劳动。如傅立叶就坚持农业劳动是最好的劳动，而圣西门却刚好相反“把工业劳动说成本质”，并“渴望工业家独占统治，渴望改善工人状况。”[②]马克思看到了这种共产主义的空想性与封闭性，并系统阐述了共产主义的辩证发展过程，即(1)共产主义的“最初形态不过是私有财产关系的普遍化和完成。”[③]还是“粗陋的共产主义”阶段，“是私有财产力图把自己设定为积极的共同体”[④]的表现；(2)“共产主义(α)还具有政治性质，是民主的或专制的；(β)是废除国家的但同时是尚未完成的，并且仍然处于私有财产即人的异化的影响下。”[⑤](3)“共产主义是对私有财产即人的自我异化的积极的扬弃，因而是通过人并且为了人而对人的本质的真正占有……是自觉实现并在以往发展的全部财富的范围内实现的复归。”因此，真正的共产主义“作为完成了的自然主义，等于人道主义。”[⑥]在这一阶段，真正的共产主义得以实现。由此可见，在对已有粗陋和未完成的共产主义的批判基础之上，马克思建构了一个共产主义和自然主义的理想形态，而促使这一理想的共产主

---

①马克思.1844年经济学哲学手稿[M].北京：人民出版社，2018：126.

②马克思.1844年经济学哲学手稿[M].北京：人民出版社，2018：75.

③马克思.1844年经济学哲学手稿[M].北京：人民出版社，2018：75.

④马克思.1844年经济学哲学手稿[M].北京：人民出版社，2018：77.

⑤马克思.1844年经济学哲学手稿[M].北京：人民出版社，2018：77.

⑥马克思.1844年经济学哲学手稿[M].北京：人民出版社，2018：78.

义实现的条件必须依赖于个人和阶级需要，进行“共产主义的手工业者”，即“工人联合”的社会实践过程。在此基础上消除异化劳动，实现人的彻底解放并完成共产主义建设目标。

因此，实践的逻辑既是马克思自然观形成的决定性因素，也是实现自然主义即共产主义终极目的的方法论核心。从马克思的自然观到对现实社会中资本主义生产方式及其社会矛盾的理论批判与现实革命，体现了马克思不局限于理论批判的实践态度，因为“人的思维是否具有客观的[gegenständliche]真理性，这不是一个理论的问题，而是一个实践的问题。”①基于实践的逻辑，马克思科学论述了对资本主义生产方式的实践性批判和对共产主义建设的批判性建构两种范式。正因如此，在动态实践的论域下，马克思的自然观仍是一个与现实关联的、革命运动的、开放的辩证发展的体系；同样也是在动态实践的论域下，为手稿中马克思的自然观和当前习近平“人与自然是生命的共同体”的生态思想实现整体性联结提供了可能。

三、“人与自然是生命共同体”：马克思自然观的当代意蕴

中国共产党作为一个马克思主义政党，领导和团结全国各族人民进行了中国近现代以来的革命、建设和改革，实现了中华民族三次“伟大飞跃”，在生产力空前解放的同时，人民的需要也转化为对美好生活的向往，这既是对物质和精神财富需要的满足，也是人民对日益增长的“优美生态环境需要”的满足。因此，在十九大报告中，习近平总书记对关于如何加快生态文明体制改革和建设美丽中国提出要建构“人与自然是生命的共同体，人类必须尊重自然、顺应自然、保护自然”科学论断。②

（一）从自然本位到“尊重自然”

马克思在《1844年经济学哲学手稿》中解析异化劳动时引申出了自在的、纯粹的自然界，赋予了自然界对于人类的生成具有本体的、优先的地位，揭示了自然界是人类得以生存和发展的客观物质基础，也是理解人类作为自然存

①马克思恩格斯选集：第一卷[M].北京：人民出版社，2012：134.

②习近平.决胜全面建成小康社会夺取新时代中国特色社会主义伟大胜利——在中国共产党第十九次全国代表大会上的报告[M].北京：人民出版社，2017：50.

在物并实现人的自由本质的现实前提。正是通过对异化劳动的解析，马克思详细论述了人与自然之间的互相关系，指明了自然界作为人的对象对人及其意识的形成和发展具有根本性的优先地位。基于此，马克思塑造了本位自然，同时表明了他坚持唯物主义的基本态度，这一态度也是马克思的自然观甚至整个马克思主义形成的根本依据。而这一原理中蕴含的方法论要求人们在改造自然或从事社会劳动和社会实践时务必要尊重自然界的优先地位，以及时刻提醒人们不能将人类自身与自然界之间进行形而上学的割裂。因为自然界相对于人而言有着毋庸置疑的优先地位，自然界可以不需要人类而存在，但是人类必须依靠自然界才能存续。因此，自然界是人类认识自己并实现自己的绝对前提，尊重自然本质上就是尊重人类自己。马克思自然观中所确立的本体自然无疑对中国共产党人在领导中国人民进行社会实践活动时具有巨大的警示意义，体现在习近平生命共同体理念中"尊重自然"的时代回应与实践要求。近代以来，西方国家历经了文艺复兴和工业革命之后，人对自然的改造能力颠覆了人们以往对自然的敬畏态度，并在人类中心主义思潮的指导下，资本主义国家片面追求经济利益，肆意破坏生态环境，彼此侵占自然资源，导致了一系列诸如世界人口剧增、全球变暖和生物物种加速灭绝等生态环境问题；有独无偶的是，人类中心主义也影响着新中国成立初期的社会主义建设事业，使得在进行社会生产时，片面夸大人的主观能动性和创造能力，忽视自然界的优先地位，这种征服自然的发展模式也为后来的环境问题埋下了隐患。而这些实践上的经验与教训要求人们在进行生产时必须摒弃人类中心主义，尊重自然，这既是马克思自然观中本位自然的理论要求，也是习近平生命共同体理念中的实践方式。

（二）从自然规律到"顺应自然"

马克思在手稿中辩证地描绘了自然界从独立于人的纯粹自然；到劳动实践作用下人与自然界互相生成的人化自然；最后通过异化劳动的消解实现人与自然双重解放达成本质复归的自然发展规律。而其中对整个自然规律起推动作用的正是由于人及其劳动实践的存在，因为自然界的发展规律必须依靠人的存在将其以意识的形式概括出来方能得到证明；同样也是因为人的存在，自然规律才能得到呈现并且在实践中被利用，从而具有现实的意义。即

"只有在社会中，人的自然存在对他来说才是人的合乎人性的存在，并且自然界对他来说才成为人。"①另一方面，人类社会及其历史也有其发展的客观规律，马克思在《1844年经济学哲学手稿》中初步揭示了这一规律，即人在对象化过程中实现自身，必然会与自然对象和他人形成社会矛盾，正是在解决矛盾和产生新矛盾的运动过程中推进着整个社会发展，最终实现人本质自由的辩证规律。手稿对自然史及人类史提出了一系列深刻见解，系统分析了自然界和人类社会辩证统一的发展规律，在阐明自然规律的同时，马克思肯定了人有意识的劳动对自然界的改造能力。值得注意的是，人类按其意识可以有目的地改造自然界的形态，但是不能改变自然规律本身，这要求人们在从事改造自然活动和发展自身的同时，必须顺应自然规律，将人类社会历史发展的规律与自然界发展的规律统筹起来。在当代社会主义现代化建设进程中，就必须坚持"人与自然和谐共生"的发展理念，将生态文明建设定位为"中华民族永续发展的千年大计"②，是顺应自然界和人类社会发展规律的必然要求。习近平生命共同体理念提出"顺应自然"的建设要求在内涵上是顺应自然界和人类社会发展规律的理论诉求。

（三）从人化自然到"保护自然"

马克思在论述工人与劳动产品的异化关系时，指明了劳动作为人的对象化活动因私有财产而成为非对象化和非现实化的活动，由于无法占有自己的劳动产品，导致工人"在自己的对象中丧失自身"，这表明了劳动因异化具有的消极意义。但同时马克思肯定了劳动对自然界的改造能力，正是因为对自然界的改造，"人的感觉、感觉的人性，都是由于它的对象的存在，由于人化的自然界，才产生出来的"③。因此，人的实践作为对象性的活动既是人自我实现和自我确证的能动性力量，又是改造自然对象形成人化自然的唯一可能，因为没有人存在的自然界本身不具有任何目的性。正是因为人及其劳动实践的原因，使得自然发展出了"人化自然"这一环节，人类实践具有的动能性意味着人可以根据自身的需要对自然对象加以目的性的改造。但这并不是

①马克思.1844年经济学哲学手稿[M].北京:人民出版社,2018:79.

②习近平.决胜全面建成小康社会夺取新时代中国特色社会主义伟大胜利——在中国共产党第十九次全国代表大会上的报告[M].北京:人民出版社,2017:23.

③马克思.1844年经济学哲学手稿[M].北京:人民出版社,2018:84.

说人的实践活动不受自然条件的限制与制约，如果不清楚这一点，就会导致将人与自然进行对立，而事实上人化自然及人类社会终究是隶属于自然界整体的范畴之内的，“所谓人的肉体生活和精神生活同自然界相联系，不外是说自然界同自身相联系，因为人是自然界的一部分”[①]。因此，在进行实践活动改造自然对象的同时必须注重对自然界的保护，保护自然就是保护人类自己。与西方发达资本主义国家在发展经济时对自然环境造成严重破坏，却又总是规避相关责任和义务的行为不同，社会主义现代化建设“树立和践行绿水青山就是金山银山的理念，坚持节约资源和保护环境的基本国策”[②]。将发展经济与自然环境的保护协同起来，减少环境牺牲代价的同时，追求经济稳定发展，并呼吁世界各国积极参与到保护环境的日程中来，领会人类命运共同体与生命共同体之间的内在联系，加强对自然环境的保护，“人与自然是一个有机生命躯体，二者应和谐相处，协同进化”[③]。这是习近平生命共同体理念中“保护自然”的时代要求，也是马克思自然观中实践意蕴的当代体现。

在生态环境问题日益严峻的当代社会，人类实践活动的经验与教训印证了人与自然之间有机统一的辩证关系。所以在中国特色社会主义进入新时代的历史方位下，习近平新时代中国特色社会主义思想对社会主义现代化建设的实践进行了科学总结，蕴含了系统丰富的生态文明思想。作为马克思主义中国化的最新理论成果，生命共同体理念是习近平生态文明思想的核心要义，[④]它是马克思主义生态自然观与中国实践的历史性结合；它揭示了人与自然的生命共同体和人类命运共同体之间的本质联系，正是在这一语境下，它又具有世界范围内的现实意义。因此，习近平关于人与自然是生命共同体的生态理念不仅为生态文明体制改革和建设美丽中国指明了方向，也为世界各国处理生态环境问题和经济发展方式提供了中国智慧和中国方案。

①马克思.1844年经济学哲学手稿[M].北京：人民出版社，2018：52.

②习近平.决胜全面建成小康社会夺取新时代中国特色社会主义伟大胜利——在中国共产党第十九次全国代表大会上的报告[M].北京：人民出版社，2017：23.

③张云飞.“生命共同体”：社会主义生态文明的本体论奠基[J].马克思主义与现实，2019(02).

④朱春艳，齐承水.论习近平生命共同体理念的历史唯物主义向度[J].广西社会科学，2019(07).

四、结语

综上，马克思在《1844年经济学哲学手稿》中不仅创造性地运用了黑格尔的“异化”概念，提出了“异化劳动”，并在分析私有财产与异化劳动的过程中，阐明了人与劳动对象，即自然之间的辩证关系，发现了劳动实践的自由本质。在这一劳动或实践逻辑的基础上，马克思揭示了人类社会和自然界辨证发展的规律，阐发了其早期的自然主义和共产主义思想，形成了马克思唯物主义实践的自然观，为后来《关于费尔巴哈的提纲》中天才世界观的萌芽做了充分理论准备。也正是立足于实践活动开放、动态的特点，才实现了马克思生态自然观与习近平生命共同体的整体通达，马克思自然观的核心就是其确立的实践范式，它要求世界无产阶级和共产党人在进行实践和革命运动时必须将追求人类自由和尊重自然统一起来，实现人与自然的全面复归和双重解放。而习近平生命共同体理念要求“人类必须尊重自然、顺应自然、保护自然”的科学内涵深刻地总结了社会主义现代化建设的实践经验与教训，实现了马克思主义与中国实践的完美契合。生命共同体理念作为习近平新时代中国特色社会主义思想的重要组成部分，既丰富和发展了马克思主义生态自然观，也对社会主义事业建设和人类命运共同体建构的伟大实践具有现实指导意义。

新时代"以人民为中心"发展思想的双重维度

沈龙琼[1]

摘　要：理解新时代"以人民为中心"的发展思想，需要从两个维度着眼：理论维度和实践维度。理论维度指明科学内涵，聚焦发展为了人民的基本立场、发展依靠人民的根本动力，以及发展成果由人民共享的价值旨归。实践维度指明现实举措，执政党层面坚持全面从严治党，加强党群联系沟通；人民主体层面创新驱动发展，激发人民创新能力；具体措施层面建构合理制度，保障人民切身利益。

关键词：以人民为中心；发展；人民利益

时代成就思想，思想顺应时代。"以人民为中心"的发展思想是习近平新时代中国特色社会主义思想的重要组成部分，立足新时代的现实环境和克服新时代的发展难题，都要求深入理解、实践落实这一思想，助力中国特色社会主义事业，造福中国人民。

一、新时代"以人民为中心"发展思想的理论维度

习近平指出："要坚持人民主体地位，顺应人民群众对美好生活的向往，

①沈龙琼，1995年生，女，汉族，重庆巫山人，研究方向：马克思主义理论。本文荣获重庆市第十届马克思主义研究生论坛三等奖。

不断实现好、维护好、发展好最广大人民根本利益,做到发展为了人民、发展依靠人民、发展成果由人民共享。”①这一论述明确表明新时代“以人民为中心”发展思想是以人民对美好生活期盼、合理需要满足以及合法权益保障为中心的发展。准确把握新时代“以人民为中心”发展思想理论内核:基本立场是发展为了人民,根本动力是发展依靠人民,价值旨归是发展成果由人民共享。

(一)基本立场:发展为了人民

发展为了谁,是对发展进行规划部署要思考的首要问题。确立为谁发展是立场问题的选择,立场的明确选择才能保证发展道路的正确。由不同的执政党管理国家和社会,他们关于“发展为了谁”的答案各不相同。马克思恩格斯指出:“过去的一切运动都是少数人的,或者为少数人谋利益的运动。无产阶级的运动是绝大多数人的,为绝大多数人谋利益的独立的运动。”②马克思主义执政党的立场是与人民站在一起,始终坚定人民立场。因此,中国共产党坚持走中国特色社会主义道路,推进中国特色社会主义事业,所谋发展是为了让人民获益。

发展为了人民,首先要清楚人民的需求,尤其是与人民生活密切相关的现实问题,并且要积极回应、认真解决。人民需要的内容是与时俱进的,会随着经济社会的发展产生相应的变化。中国的发展变化一直在路上,特别是经过四十多年的改革开放进程,中国的成长明晰可见,大范围层面到泱泱大国的综合国力、社会发展生产力,细节层面落脚到人民群众的具体生活,都已发生历史转变。人民关注的重点不局限于基本生存资料的拥有,逐步向往追求丰富的发展资料和享受资料,人民需求转变为高层次、多样化,并且涉及教育资源、就业收入、医疗卫生,以及居住条件等多方面。我国发展已经随着新的时代彰显出新的特征、表达出新的要求。发展与时代步伐同步,分析当前我国社会新的阶段性特征,找准人民群众美好生活需要的具体要求,结合历史源头和现实条件、国内环境和国际大势,立足历史方位,掌握发展大局进行深入思考,进而得出正确且有效的结论。

①习近平谈治国理政:第二卷[M].北京:外文出版社,2017:214.

②马克思恩格斯选集:第一卷[M].北京:人民出版社,2012:411.

发展为了人民，要实现人民利益。在清楚人民需求之后，要以人民需求的满足和人民利益的实现为基本着眼点。人民对美好生活的需要，涵盖着经济、政治、文化和生态等多重维度。因此，要致力于建设社会主义民主政治，发展社会主义政治文明，保障人民行使民主权利；要致力于繁荣社会主义文化，发展高品质多类型的文化产品，提升人民精神文化涵养；要致力于推动高质量经济发展，创造日益充裕的社会物质财富“大蛋糕”，提升生活水平，改善生活质量；要致力于建设美丽中国，倡导绿色生活方式，牢固树立生态红线观念，重力解决生态环境问题，保障人民健康生活环境；要致力于构建社会主义和谐社会，协调好社会各方的利益关系，解决好社会民生难题。五位一体布局相互关联、相互影响，所有的工作都是为了人民美好生活的实现，人民愿望的满足，即发展为了人民。

（二）根本动力：发展依靠人民

“发展为了谁”清晰了立场问题，而“发展依靠谁”解决了发展的动力问题。人民是国家的根本，国家的发展依靠人民。中国共产党带领人民取得革命、建设和改革的胜利，领导中国人民迈上强起来的步伐，其最深层次的原因就是紧紧依靠人民。人民是推动发展的根本力量。中华民族伟大复兴是一条行进的“长征路”，人民是路上的行走者。只有在发展道路上始终坚持人民群众的主体地位，凝聚人民群众的力量，调动人民群众的主动性、积极性和创造性，才能取得中华民族伟大复兴的胜利。

发展依靠人民，充分尊重人民主体地位。要始终相信人民，尊重人民，联系人民，集中民智，珍惜民力，全面贯彻落实尊重人才、尊重知识、尊重创造、尊重劳动的方针政策。尊重人民主体地位还表现在尊重人民首创精神。创新是社会进步的需要，是时代前进的动力。落实好“五大发展理念”中“创新”理念，解决好发展的动力问题，推动“大众创业、万众创新”，使人民乐于创新，敢于创新，勇于创业。鼓励人民的探索精神，积极开发新路子，善于学习新技术，奋力挑战新行业。发展依靠人民，依靠人民群众的智慧和力量。人民拥有无穷的智慧和力量，任何事业的发展都与人民智慧和人民力量挂钩。人民群众的智慧因生活体验积累，又为了生活服务，他们是各行各业的“生产商”和体验者。因此，在推进发展的道路上要深入人民生活，与人民群众交流，耐心听取人民群众的建议和意见。规划发展总体方案时要向人民请教,制定发展政策和传播发展理论时要注意人民反应,设计好最适合人民的发展方案。发展依靠人民,重视人民评价标准。唯物史观认为,人民是价值的主体,不仅表示价值依靠人民创造,还表示价值依靠人民评判。中国共产党执政工作的具体成效完全由人民群众对其进行裁决和评判,人民的态度和评价直接影响发展质量和水平。只有人民群众得到了实惠,权益得到了保障、生活得到了改善,交谈起中国共产党来好评不断,党的方针政策才是真正成功的。

(三)价值旨归:发展成果由人民共享

"发展成果由谁享有"指明价值问题。以人民为中心的发展思想,最终要落脚到人民共同享有发展成果。"共享"发展理念在新发展理念中占据核心地位,其最终价值归宿是实现"一个都不掉队"的共同富裕、共同享有。全体人民群众必须共同享有改革发展成果,共享能够体现社会制度发展的本质,全体人民共同享有改革发展成果是社会主义的本质要求。人民共享既指人民群众共同享有社会物质财富和精神财富,还包括人民群众公平享有人生出彩的机会。

改革发展成果由全体人民共同享有,彰显出共享主体覆盖全体中国人民群众,充分展现中国特色社会主义制度的优越性,具体表现新时代以人民为中心的发展思想。一要逐步实现共同富裕。中国共产党追求全体人民共同富裕,实现发展成果由全体人民共享是中国共产党的价值追求。共同富裕是人民共享发展成果的现实表现,也是中国特色社会主义的本质要求。为实现这一目标必须针对解决"不平衡不充分的发展",克服经济社会发展存在的短板,进一步拉近与"共同富裕"目标的距离。全体人民共同享有发展成果不是平均享有,而是所有人民为享受成果付出劳动,在此基础上才能享有自己应得的利益。这也能激发人民群众努力奋斗,最大限度地实现人生价值,缩小贫富差距,达到共同富裕。二要合理分好改革发展"大蛋糕"。分好"大蛋糕"的重点就是营造公平正义的社会环境,让各个地域、各个民族以及各个阶层的人民群众都能享受改革发展的福利,都能享有改革发展的成果。习近平同志强调全面建成小康社会,重点在全面,"一个都不能少",要让所有的中国人民过上小康水平以上的生活。转变经济发展方式,实现更加公平、更有效率、更可持续、更高质量的发展;加大力度投资公共基础设施建设,实现教育机会、教育资源和公共服务的公平。

二、新时代“以人民为中心”发展思想的实践维度

“以人民为中心的发展思想,不是一个抽象的、玄奥的概念,不能只停留在口头上、止步于思想环节,而要体现在经济社会发展各个环节。”①“以人民为中心”发展思想从人民的生活中总结经验、提炼观点,理论维度上具有丰富内涵,更重要的是落脚到实践维度指导中国发展。

(一)全面从严治党,密切党群联系沟通

党的领导是中国特色社会主义最本质的特征和最大优势,是坚持“以人民为中心”发展思想的根本政治保证。中国的发展是我们党带领人民共同推进的。推进全面从严治党,必须强化党员责任担当,改进党员工作作风,坚持“以人民为中心”的方法指导、价值遵循和精神原则。同时,密切党同人民群众的关系也对改进党员工作作风有重要作用。

1.全面从严治党,改进党员工作作风

党员作风关系到人民对党员能力的肯定和形象的认可,直接体现在党员的日常工作方式方法中,影响到人民利益维护,决定人民群众对党员的信任度,进而会影响党的长远发展。新时代中国共产党坚持开展全面从严治党,确立“密切联系群众”的目标方法,采取了一系列措施并取得显著成效。面对重大成就,必须警示党员同志绷紧思想红线,绝不能有丝毫松懈的想法。习近平指出:“在全面从严治党这个问题上,我们不能有差不多了,该松口气、歇歇脚的想法,不能有打好一仗就一劳永逸的想法,不能有初见成效就见好就收的想法。”党中央推进全面从严治党的工作有着不容置疑、坚定不移的意志和决心。

党中央措施直指腐败作风问题,借助开展理论教育、法纪惩治、制度建设等措施,全方位解决腐败作风问题,逐步扎牢不能腐的笼子、实现不敢腐的目标和构建不想腐的堤坝。理论教育为反腐工作提供精神支撑。党内开展教

①习近平谈治国理政:第二卷[M].北京:外文出版社,2017:213.

育必须是长期性、常态化工作，通过文献资料阅读、经典人物教育等活动，加强党员干部理论修养塑造，让党员干部自觉以群众观点为指引、以群众路线为方法开展工作，密切联系人民群众。法纪惩治是反腐工作的重要内容。践行“深化政治巡视，坚持发现问题、形成震慑不动摇”①的新要求。线下实践巡视工作要求，线上跟踪汇报巡视进展。中央纪委国家监委网站开通十九届中央巡视工作专题，实时跟进前线巡视成果，并提供监督举报选项，鼓励人民群众对党员干部进行监督。制度建设为反腐工作强化法治底线。党中央持续完善规章制度，已出台的规则规章条例已经多达80余部，涉及纪律处分、行为规范等多方面的内容，坚持平等对待党员干部的原则，力求全面覆盖、细节入手规范党员，警示违法违规的严重后果。

2.密切党群关系，加强党同人民群众的联系沟通

新时代加强党同人民群众的联系沟通，是推动党员作风建设的核心问题。党和人民群众沟通联系的情况会直接体现党的工作作风，也是党领导人民继续推进社会主义民主发展的保障。只有党同人民群众有效沟通、密切联系，才能清楚人民生活新愿望，进而将他们的新需求作为开展工作的依据；才能有效落实执政为民的理念，并得到人民的呼应和支持，保证发展政策顺利实施；才能及时知晓人民对发展政策的体验，进而改进工作的不足，以更完善的方案服务人民。

党联系人民要自觉行动，用真情感化人民。思想层面，党员始终坚定人民立场，做到心中时刻有人民，将贴近人民作为自觉行为。自觉联系和沟通是准备工作，进一步要在沟通中付出真挚情感，让人民感受到亲切关怀。一个合格的共产党员，必须富有人情味，必须从内心深处热爱人民。党员联系人民不能摆出官架子，不能为了完成任务走过场，而要贴心关心人民生产生活细节，处处从人民的角度出发，倾听人民朴实愿望。只有党和人民之间拥有真感情，中国的发展才能蒸蒸日上，一往无前。党联系人民要活用媒介，用宣传教育引导人民。宣传注重因地制宜，认识不同地区不同民族语言沟通的差异和文化交流的差异，用人民乐于接受的语言方式传达人民政策、讲述人民思想。宣传科学运用传媒平台，用好“抖音”、微信公众号和微博等媒介，采

①决胜全面建成小康社会夺取新时代中国特色社会主义伟大胜利——在中国共产党第十九次全国代表大会上的报告[M].北京:人民出版社,2017:67.

用视频、文章等方式转播时政要点、国家大事，用好评论区，强化与人民的交流沟通。培养人民监督习惯，提升人民建言献策水平和思想素质，引导人民自觉站稳“当家人”地位，共同为祖国发展贡献自己力量。

（二）创新驱动发展，激发人民创新能力

“创新发展理念”体现“以人民为中心”的发展思想，“突出人民群众的创新主体地位”，具体落实方案是实行国家创新驱动发展战略。习近平特别指出，实施这一战略必须坚持“人才是第一资源的理念”。创新为发展提供不竭动力，人才是创新驱动的首要资源。人才是创新的根基，创新驱动实质上是人才驱动。新时代的发展立足于更艰难的挑战和更远大的目标，必须依靠人才驱动、创新驱动助力发展，实现更高质量的发展满足人民新需要。

1.聚集人才，充实人才队伍

创新发展依靠人民智慧加分。创新是引领发展的第一动力，高质量人才是创新发展的第一手资源，人才为创新发展增加可能性。人才在一切事物中占据不可替代的地位，以人才为力量依托，才能成就创新成果。创新人才对于突破原有发展困局，建设创新型国家具有关键意义甚至是决定意义。科学技术是第一生产力。人民智慧是科学技术产生、变革、发展的主体力量，人民的实践经验为科技创新提供可靠依据，推动科学技术为社会发展和国家发展产生现实成果。

国家高度重视人才聚集，通过完善人才引进政策和人才选拔政策壮大人才队伍，进一步激发人才力量助力发展。聚集人才要有国际眼光，择天下英才而用之。中国为了实现更长远的发展必须在全球范围选用可靠人才，为建设社会主义注入新鲜血液。引进人才要放眼国际，不局限于国内人才，以国际专业标准聚集行业科技领军人才，敞开大门欢迎各国能人加入中国科技发展队伍。聚集人才要有战略定位，重点着眼各行业创新人才特别是我国高层次发展紧缺的人才，如风险投资企业家、战略科学家、世界科技大师等。聚集人才要有政策支持，持续推进重点人才工程，充实财力支撑，提供创新发展需要的硬件设备，准备舒适的人才居住环境，以良好的待遇条件和发展平台吸引国内外人才。

2. 培养人才，调动人民创新潜能

人才队伍不仅依靠引进国外英才助力，更重要的是培养国内高端人才，为我国发展储备生力军。培养人才要着眼高层次人才的引领作用。发展的今天，科技创新对于经济发展的重要程度日益提升，世界各国之间的竞争以高层次人才储备为重点。我国在培养高层次人才队伍方面取得了良好的成绩，但拥有的高层次人才队伍规模仍然较小。要继续发挥国家和各省市重大人才工程的激励作用，实现高层次人才带动人才队伍的前进方向、激发人才队伍的创新活力，逐步构建人才培养的系统方案和战略布局，统筹开发产业人才资源、区域人才资源和城乡人才资源，提高人才培养的全面性和实效性。培养人才要构建良好的制度环境。教育制度遵循个人差异，以人民主体的个性特点为依据，制定最大限度适合个人发展的教学方案，使人们能从起点处滋养和培育独特的创新能力。人才配置制度根据市场需求数量为导向，以人尽其用为原则，为不同层级、不同领域和不同地区配备适合的创新人才，为各行业人才选择适合岗位，使得人才发挥最大价值、贡献最大智慧。创新成果奖励制度秉持积极鼓励原则，加大力度鼓励创新成果拥有者，增加知识价值的含金量，激励人才更广范围涉猎新知识，推展理论视野，在创新成果产量和质量上得到显著提高。

（三）建构合理制度，保障人民切身利益

群众利益无小事，利益问题是人民生活的根本性问题，利益分配密切关联国家与人民的关系。坚持“以人民为中心”的发展思想，贯彻人民利益至上的价值理念。只有人民的利益得到保障和实现，人民主体的创新能力才能拥有精神活力和物质保证。

维持人民基本生存以及进行发展等实践活动需要物质资料为支撑，收入分配直接关系人民物质资料的拥有。因此，第一步必须完善分配制度。利益分配在策略上坚持共建共享，在保障上推进分配体制改革，最终目标实现人民共同富裕。利益分配策略坚持共建共享。“共建才能共享，共建的过程也是共享的过程。”[①]全体人民共建才是实现全体人民共享的正确途径和方法，也是实现共享的基础和前提。共享从来不是指能够不劳而获，而是要让全体人

①习近平谈治国理政：第二卷[M].北京：外文出版社，2017：215.

民贡献自己的智慧和力量，在进行一定付出的基础上享受最大程度的发展成果。利益的积累需要全体人民共同助力，通过区域共建、人人共建做好“大蛋糕”，通过合理分配、科学分配切好“大蛋糕”，让人民在利益分配的过程中获得自己应得利益。推进分配体制改革，让人民感受分配正义。初次分配始终基于按劳分配的基本原则，关注要素分配，保证各种资源要求在不同地区、不同部门与不同个体之间的合理分配和充分流动。再分配过程中坚持“良法善治”，落实税收法定原则，保障分配秩序稳定，保障人民的合法性收入；在“调高”“提低”“扩中”“打非”税收调节制度下重点增加中低收入群体的收入，缩小人民群众的收入差距。

人民利益的实现，不仅需要完善利益分配奠定物质基础，也需要就业制度、医疗制度、教育制度等提供服务保障。完善就业保障制度，做好就业工作。优化就业政策，针对性解决多种群体的就业问题，定点帮扶就业困难人员的实际问题，鼓励多种就业方式，扩大就业成功率，奖励成功就业率和高质量就业率人群，多种措施强化充分就业。完善医疗改革制度，发展让人民舒心的医疗。关注国民健康，为社会发展打牢本钱基础。一流的医疗设备和优秀的医疗技术是基础要求，规范医生培训的制度与力度，提升医改中的家庭医生签约质量和服务标准，改善异地难就医难报销的难题，让人民得以享受高质量、高效率的医疗服务。完善教育改革制度，发展让人民满意的教育。努力让每一个孩子都可以享受公平、高质量的教育，让每一个孩子都成为新时代的幸运儿。通过文化活动育人、基础课程育人、课外实践育人，广范围有针对性地开展教育，释放每位学生的最大潜能，为学生未来发展夯实根基。完善住房管理制度，发展让人民舒适的住房。坚持房子的定位是用来给人们住的，严控房子的高价位飞速增长趋势，加强建立健全多渠道多途径保障、多主体供给、租购并举的住房制度，关注进城务工群体和城镇低收入群体的住房问题，完善住房基础设施，改善居民居住空间环境，提升住户居住体验。完善食品监管制度，发展让人民放心的食品。人民从最开始要求“吃饱”，到要求“吃好”，再到现在的“吃得放心”，食品安全问题已经不容忽视。保障好食品生产链条的安全质量，严控食品生产源头，透明食品从农田到餐桌的每一个生产步骤，让人民能放心吃、好好吃。

第三篇　新时代意识形态工作研究

大数据时代网络意识形态安全教育机制研究

张琳曼[①]

摘　要：大数据时代，为提高网络意识形态安全教育的有效性，需要有针对性地对教育对象进行教育。本文针对海量信息背景下网络意识形态安全教育的针对性问题、网络开放平台背景下网络意识形态安全教育的系统性问题、个体主体性发展背景下网络意识形态安全教育的能动性问题，设计出基于大数据的网络意识形态安全精准传播教育机制；初步探讨了该机制所需的系统构架与业务流程；从态度改变理论的角度阐述了该机制的教育原则。

关键词：大数据；网络意识形态安全；精准传播；教育机制

习近平总书记在党的十九大报告中指出："必须推进马克思主义中国化时代化大众化，建设具有强大凝聚力和引领力的社会主义意识形态，使全体人民在理想信念、价值理念、道德观念上紧紧团结在一起。"[②]随着网络的出现与发展，网民的主体性得到极大的释放，各种社会思潮在网络上盛行，网民的思想观念极易受到各种错误思潮（如历史虚无主义思潮）的影响。为提高网络意识形态安全教育的有效性、针对性与系统性，可设计出基于大数据的网

---

①张琳曼，1996年生，女，汉族，河南南阳人，研究方向：网络思想政治教育。本文荣获重庆市第十届马克思主义研究生论坛二等奖。

②习近平．决胜全面建成小康社会，夺取新时代中国特色社会主义伟大胜利——在中国共产党第十九次全国代表大会上的报告[EB/OL]．新华网．http://cpc.people.com.cn/19th/n1/2017/1027/c414395-29613458.html.

络意识形态安全精准传播教育机制。教育者要想在网络空间中有所作为，必须以传播者的身份出现。本文中的“精准”是在三种意义上说的，第一种是对教育对象具体情况的精准分析，第二种是教育内容的精准定制，第三种是教育内容的精准推送。

一、文献综述

大数据即海量数据，其具有大规模、多类型 、高速度和低密度价值的特性。网络意识形态安全是指在网络社会中，一国占主导地位的意识形态对内能得到本国网民的认可、拥护和支持，对外能自觉抵制外来势力的攻击和破坏，并且即便是受到内外势力的威胁、侵扰，自身也具备一定的自我修复和自我净化能力，从而能够保持长期相对稳定、和谐有序的状态。利用大数据技术，为实现网络意识形态安全，我国学者有代表性的研究成果如下。

2016年，学者付安玲与张耀灿在文章《大数据助力网络意识形态治理及提升路径》中指出：“大数据具有多类型、高速度、大规模以及精确性的特点，这给网络意识形态治理带来了新的机遇。在网络意识形态治理的路径上，应加快推进网络意识形态治理国家大数据战略；建立网络意识形态治理的大数据预警机制；完善网络意识形态治理的大数据网络舆情应急机制；构建网络意识形态治理安全大数据保障体系；借助大数据，创新马克思主义话语体系，增强主流意识形态的吸引力。”①

2017年，学者蒲清平、范海群与赵楠在文章《基于大数据的网络意识形态安全治理研究》中指出：“在利用大数据治理网络意识形态时，应主动引领，牢牢掌握网络意识形态安全治理的话语权；精准识别，切实提升网络意识形态安全治理的针对性；整体治理，着力提升网络意识形态安全治理的科学性。”②

2018年，学者姚聪聪与常智慧在文章《论大数据背景下我国网络意识形态建设及提升路径》中指出：“在把握互联网技术发展趋势的前提下，树立大数据意识，实施网络意识形态建设的国家大数据战略。建立健全关于网络意识形态建设的大数据相关机制和保障体系，建设以大数据为基础的网络安全

①付安玲，张耀灿．大数据助力网络意识形态治理及提升路径［J］．马克思主义研究，2016(05)．

②蒲清平，范海群，赵楠．基于大数据的网络意识形态安全治理研究［J］．学校党建与思想教育，2017(10)．

强国。培养大数据人才队伍，提高大数据技术水平的整合分析能力，保证网络意识形态建设的针对性。巩固大数据时代马克思主义在网络意识形态中的阵地，依靠网络政治动员改善社会主义意识形态生态环境，提高我国网络意识形态在国际上的话语权。”①

综上所述，学者们主要从宏观的角度论述利用大数据构建网络意识形态治理战略、机制以及体系。在微观的层面，虽然学者李怀杰、吴满意与夏虎在文章《大数据时代高校网络意识形态建设探究》中提出要利用大数据技术分析、处理与评判网民的数据并制定有针对性的教育内容与教育方式，但是，在如何处理数据、如何分析网民的意识形态倾向性以及如何定制教育内容上少有研究。

二、当前网络意识形态安全教育面临的问题

（一）海量信息背景下网络意识形态安全教育的针对性问题

随着网络及相关技术的进步，一个全新的社会（网络社会）在不断生成与发展。在网民交互过程中，大量信息被生产出来。海量信息这一概念得以出现。在海量信息背景下，当前我国网络意识形态安全教育缺乏针对性。首先是年龄上的针对性。心理学研究表明，不同年龄段的人所倾向的认识形式是不同的。在青少年时期，感性认识相对于理性认识占主要地位。在成年后，理性认识相对于感性认识占主要地位。这一规律表明，针对不同年龄的教育对象应采取不同的教育内容与教育方式。同时，教育对象的兴趣爱好、族别差异等都应该是网络意识形态安全教育应该考虑的因素。其次是教育对象思想上的针对性。在网络意识形态安全教育中，教育者应在了解教育对象的“思想”基础之上对教育对象进行教育。教育对象的“思想”包括：兴趣爱好、心理状况、意识形态主题倾向性等。意识形态主题倾向性指教育对象对我国社会主义意识形态中某一主题的态度倾向性、情感倾向性以及观点倾向性。然而，在海量信息背景下，当前我国网络意识形态安全教育即在教育对象年龄上缺乏精准定位，也在教育对象“思想”上缺乏全面了解。

①姚聪聪，常智慧．论大数据背景下我国网络意识形态建设及提升路径[J]．南方论刊，2018(08)．

（二）网络开放平台背景下网络意识形态安全教育的系统性问题

网络意识形态安全教育的系统性问题包括网络意识形态安全教育的全面性问题与科学性问题。首先是网络意识形态安全教育的全面性问题。对网民这一群体进行全面性的意识形态安全教育是未来安全教育的大势所趋。然而，在网络开放平台背景下，当前我国网络意识形态安全教育明显存在覆盖面不全的问题。以微博社区中人民日报为例，截至2018年6月6日，人民日报的粉丝已达5754万人，但这并不代表人民日报每次所传播的意识形态安全教育内容能被所有粉丝接收到。其次是网络意识形态安全教育的科学性问题。网络意识形态安全教育应针对于不同年龄、不同兴趣爱好、不同思想状况的网民进行科学性的教育。科学性教育对于我国的意识形态工作而言，更有利于建设出具有强大凝聚力和引领力的特征，从而使全体人民在其他的观念上更加团结在一起，如理想信念、价值理念，以及道德观念上，有利于纠正与抵制负面思想。科学性教育体现在教育内容的科学设计与教育方法的合理使用上。以网络空间中抵制历史虚无主义教育为例，对于我国历史英雄人物持负面评价的网民，应根据其原本的性格特征、兴趣爱好等因素设计科学的教育内容，使用合理的教育方法，以提高网络意识形态安全教育的有效性。然而，在网络开放平台背景下，网络意识形态安全教育既缺乏对网民的全覆盖教育，又缺少科学的理论支撑。

（三）个体主体性发展背景下网络意识形态安全教育的能动性问题

网络意识形态安全教育的能动性问题分为网络意识形态安全教育的主动性问题与互动性问题。主体性与客体性是主客体相对于另一方的特性，这样一来，在实现改造的过程中，主客体间的特性就更加明显地展现出来。在网络空间中，网民对于网络空间中的信息的选择性和创造性就是其作为这一现实活动中的主体性的发展所显现出来的特征。在传统社会的意识形态传播中，教育对象在特定场合下接受意识形态安全教育。例如，学生在学校里接受意识形态安全教育，老师在党政机关指导管理的专业传播机构及其团队的指定场合接受意识形态安全教育。传统的意识形态教育具有一定的强制性，教育者可主动对教育对象施教，亦可主动与教育对象互动。但是在网络空间中，网民的主体性得到充分地释放，其对信息的选择性增强。网民可按自己的主观意愿选择自己喜欢的信息，也可按自己的主观意愿创造信息。根据《第41次中国互联网络发展状况统计报告》显示，截至2017年12月，我国网民规模达7.72亿。在个体自主性发展背景下，教育者如何对如此之多的网民主动实施意识形态安全教育成为当前网络意识形态安全教育必须关注的问题。

三、基于大数据的网络意识形态安全精准传播教育机制

基于大数据的网络意识形态安全精准传播教育机制逻辑流程如图1所示。

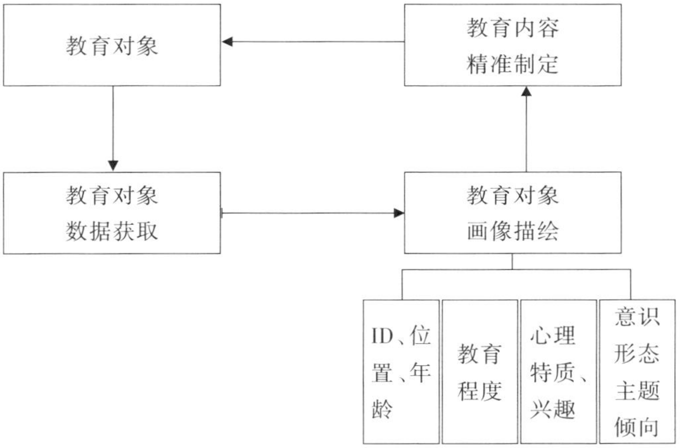

图1　基于大数据的网络意识形态安全精准传播教育机制

(一)教育对象的确定、分类以及数据获取

1.教育对象的确定

意识形态安全最基本的表现就是指导思想或主流意识形态能够得到最广大人民群众的认同。最广大人民群众包含全体网民。因而，在网络社会中，全体网民都应是网络意识形态安全精准传播教育机制中的教育对象。

2.教育对象的分类

为提高网络意识形态安全教育的效果，依据网民的年龄结构、民族、心理特点、意识形态主题倾向性、受教育程度，可将教育对象分为多类。例如，心理学研究表明，不同年龄段的人对世界的主要认知方式是不同的。因而，可将年龄作为教育对象的分类标准之一。又如，态度改变理论认为，单面论证

的教育内容和双面论证的教育内容对不同受教育程度的教育对象所产生的效果不同。

3.教育对象的数据获取

为了做到精准教育,就必须要认识到影响这一目的的因素,才能更有针对性地对其进行教育,因此结合这一因素来获取对象的信息是非常必要的。针对不同教育对象,教育者所使用的教育方式和所传播的教育内容是不同的。获取教育对象数据的目的是构建出相对完整的个人画像。因而,在网络空间中,需要获取的数据有:ID、地理位置、年龄、职业、民族、言论、点赞、关注、转发等。

(二)教育对象画像描绘

1.教育对象画像描绘的数据来源

在门户网站,如新闻门户网站;社交网站,如微信、微博、抖音等媒体上,教育对象会留下各种各样的数据。通过网络爬虫或者网站所开放的API接口,利用大数据相关技术可获取教育对象(网民)的行为数据、身份数据、位置数据等。

2.教育对象画像的形成过程

通过网络爬虫或者网站所开放的API接口获取教育对象(网民)的数据后,需要对数据进行部分处理后才能形成教育对象的个人画像。对于身份数据和位置数据不需要处理,对于教育对象(网民)的言论数据、行为数据等需要深加工。例如,可对其言论数据进行词频统计方面的处理,获取教育对象(网民)的关注话题;可对教育对象的言论数据进行语义识别与情感分析方面的处理,获取教育对象的意识形态主题倾向性。

3.教育对象个人画像结构

在对教育对象的行为数据处理后可分析出教育对象的受教育程度、心理特质、兴趣爱好、关注话题、意识形态主题倾向性。教育对象的个人画像包括身份数据,位置数据,个人特质数据,倾向性数据。身份数据包括年龄、职业、民族;位置数据包括ID和地理位置、受教育程度;个人特质数据包括心理特质、兴趣爱好、关注话题。倾向性数据为教育对象对某一意识形态主题的倾向性,其结构如图2所示。

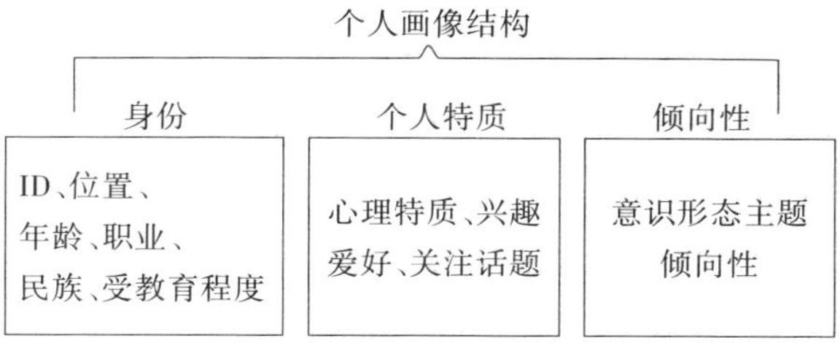

图2　教育对象个人画像结构

(三)教育对象(网民)意识形态主题倾向性分析

意识形态主题倾向性指教育对象对我国社会主义意识形态中某一主题的态度倾向性、情感倾向性,以及观点倾向性。教育对象意识形态主题倾向性分析的主要流程如图3所示。

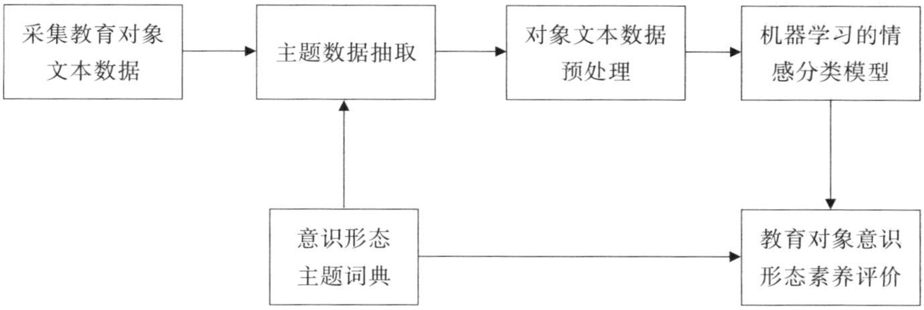

图3　意识形态主题下的教育对象(网民)倾向性分析主要流程

1.数据的抓取与预处理

对网络媒体用户评论、心情动态、留言等文本数据的采集,主要通过网络爬虫或各网络平台开放的数据API进行数据的抓取和下载。对从网络平台获取的原始数据进行基于意识形态主题词典的文本数据去噪,抽取意识形态话题相关的用户言论数据,作为待评测的对象文本数据。然后,将对象文本数据进行预处理:分词、过滤停用词、词性标注、特征提取、词向量化等,得到情感分类模型的标准输入数据,其基本流程如图4所示。

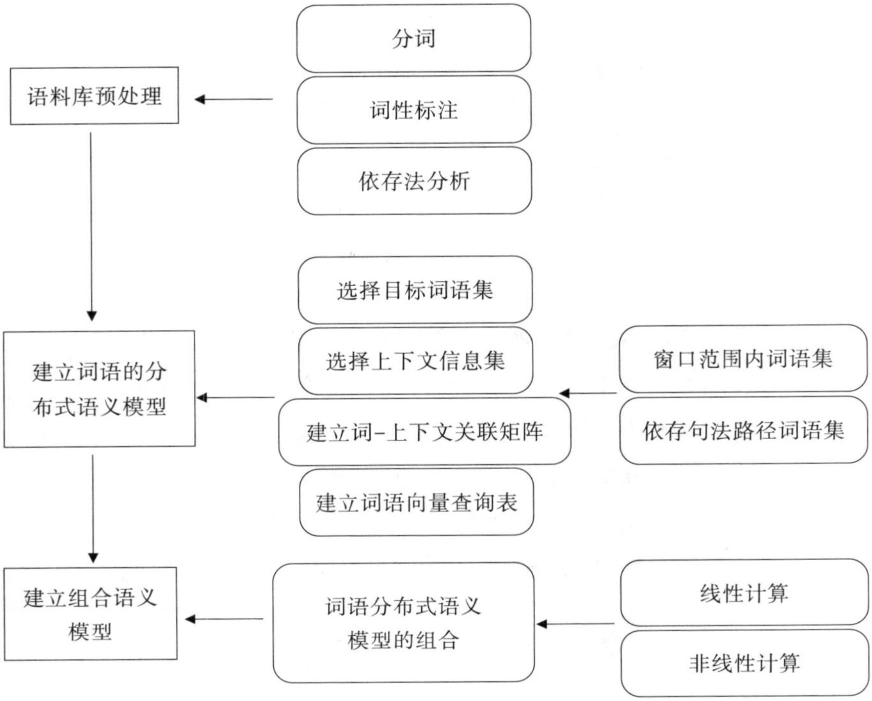

图4　组合语义深度特征的生成算法

2.情感分类模型的生成

得到情感分类模型的标准输入数据后，采取应用组合语义深度特征的方法是将其直接输入给Fast Text神经网络情感分类模型。基于Fast Text的文本情感分类模型中引入组合语义深度特征的系统框架图如图5所示。组合语义的深度特征，其实际意义是对基于表面词形特征的深度表示。基于依存句法的短语被切分后，通过词语向量的非线性组合将其转化为组合语义表达，并作为基于Fast Text的情感分类模型的输入，主要步骤为：首先，对输入文本进行词语向量化处理；其次，组合语义深度特征学习阶段，组合语义深度特征的生成依据前文所述算法实现；最后，利用基于Fast Text的文本情感分类模型引入组合语义深度特征，生成最终文本的情感类别。

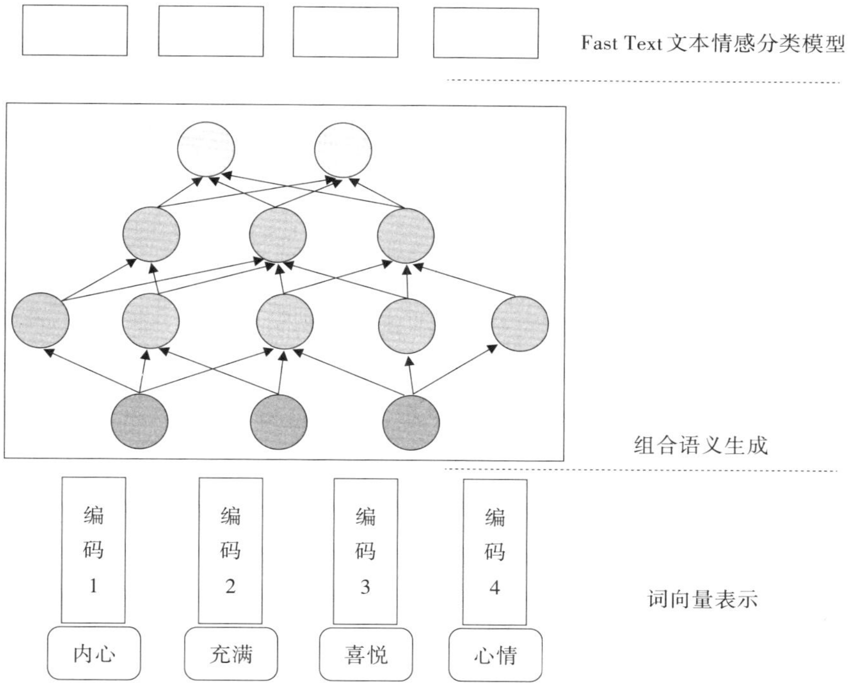

图5　组合语义深度特征直接引入的系统框图

3.意识形态主题倾向性的评判

利用所设计的基于组合语义深度特征和Fast Text神经网络的情感分类模型对对象文本数据进行倾向性分类。依据对象文本的正负情感极性和文本所引用意识形态主题词典中词条的权重进而对教育对象意识形态主题倾向做出分析、评价。

(四)教育机制的系统构架与业务流程

为了满足网络意识形态舆情在线实时监测和网络意识形态安全教育的需要,针对媒体平台产生海量网民情感言论数据的特点,结合大数据和云计算技术设计了基于云环境的适合海量文本数据分析处理的系统,以期能够满足海量网民情感言论分析与意识形态主题倾向性评价以及网络意识形态安全在线教育的功能需求,其系统构架如图6所示;系统的业务流程如图7所示。

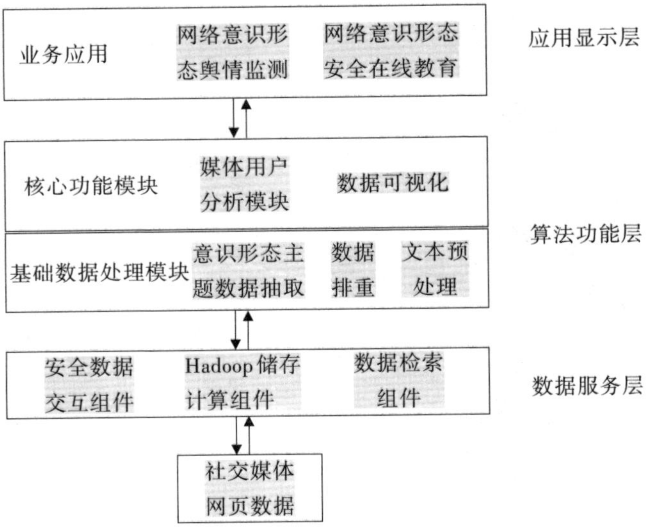

图6　基于大数据的网络意识形态安全精准传播教育系统构架

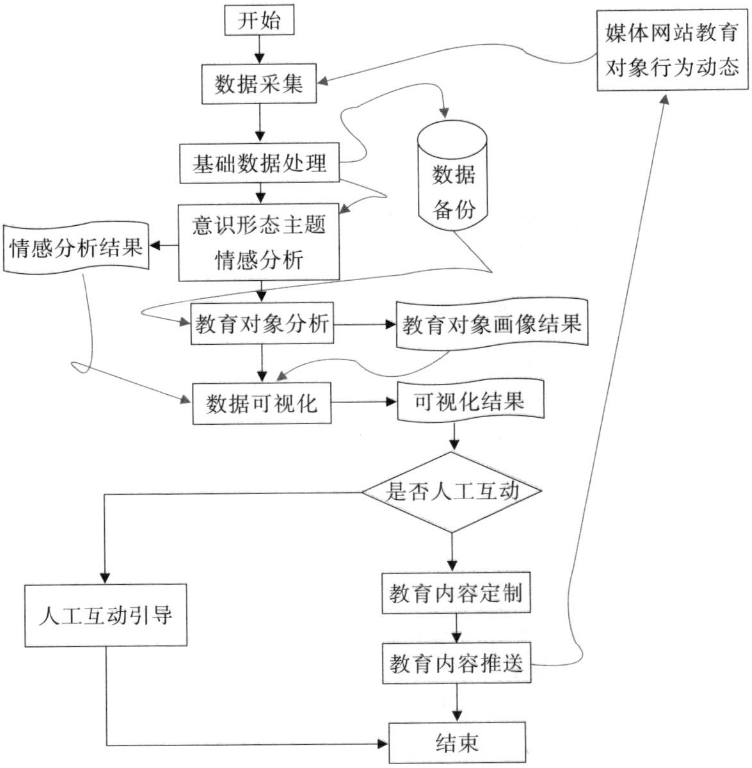

备注:黑色箭头为流程导向指示箭头,灰色箭头为业务数据流向箭头

图7　基于大数据的网络意识形态安全精准传播教育系统业务流程

系统架构遵循MVC原则，前端采用HTML、CSS和Java Script实现，并调用了Echarts等工具实现图表的可视化，后台控制层采用PHP实现，后台数据存储计算采用Hadoop、Spark等大数据云计算组件以及Oracle本地数据库。本系统数据服务层的全网数据交互组件由网页爬虫工具、Spider下载工具、网站数据API管理工具构成，提供本系统和媒体网站的数据交互功能；在Hadoop的存储计算组件中，主要对数据进行存储，包括Spark、Hive（SQL查询）和Map Reduce（计算平台）；除储存之外，数据检索组件的作用也至关重要，其功能主要包括对预处理理好的文件进行专门化的索引，主要按照几大类别对其进行分类，包括指定地域、领域、渠道、时间、标题建立索引，这样一来使系统通过检索就可实现对于时间、地域、领域多维的舆情定制和预警。

（五）教育内容的传播原则

1.针对性原则

为提高网络意识形态安全教育的有效性，必须有针对性地对教育对象实施教育。因而，针对性是教育内容制定的重要原则。基于大数据分析的网络意识形态安全精准传播教育机制可精准地分析出教育对象（网民）的意识形态倾向性。倾向性问题在某种程度上可以理解成态度问题。因而，本机制引入的霍夫兰德的态度改变理论作为在网络空间中实施意识形态安全教育的方法论基础。根据霍夫兰德态度改变理论中的观点，应有如图8的设计。

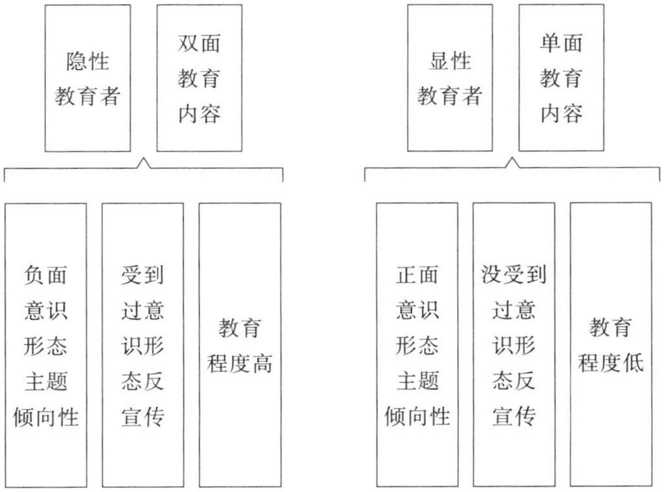

图8　基于霍夫兰德态度改变理论的传播原则

根据论证的正反性，将教育内容分解为单面论证的教育内容（以下简称单面教育内容）与双面论证的教育内容（以下简称双面教育内容）。根据教育者的显隐性，将教育者分为显性教育者与隐形教育者。显性意识形态教育者顾名思义，指那些在意识形态教育工作中明确自己身份的，例如具有官方身份背景的账号。而那些隐性的教育者则是和显性教育者相反的在网络意识形态安全教育工作中，没有说明自己官方身份的教育者，那些潜在的但也是具有教育意义的，实际上是官方机构的意识形态安全教育者。霍夫兰德态度改变理论认为："如果考虑说服对象的教育程度这个因素，实验证明两面之词对受教育程度较高的群体来说更加有效；一面之词的传播对受教育程度较低的人群更有效。"[①]针对于受教育程度相对较低的教育对象，如年龄较低的青少年，应以显性教育者的身份向其传播单面论证的教育内容。针对受教育程度较高的教育对象，应以隐性教育者的身份向其传播双面论证的教育内容。

根据霍夫兰德态度改变理论的描述："从长期来看，无论受众最初的态度如何，受众接触过反宣传，双面论证比单面论证效果更强；无论受众从一开始对该理论的认识是否接触过反宣传，或者最初对该理论的态度是反对的，此时双面论证的效果大于单面论证；受众的初始态度为赞同传播者的意见并且未曾接收过反宣传，双面论证比单面论证效果更弱。"[②]网络意识形态安全教育者可利用大数据中的数据挖掘技术分析教育对象是否被反宣传过以及分析其对某一意识形态话题持何种态度。当分析出教育对象被反宣传过或者其持有的观点与我国主流意识形态的观点相反时，应以隐性教育者的身份向其传播双面论证的教育内容。当分析出教育对象持有的观点与我国主流意识形态相一致时，应以显性教育者的身份向其传播单面论证的方式强化其观点。

2.循序渐进原则

根据态度改变理论的相关理论表明，对于不同的被说服者，需要采取不同的方式，且根据不同的被说服者的受教育程度的差距，所需采取策略是不同的。在进行说服教育时，这些变化都是因为被说服者本身之间的思想差异

①霍夫兰德，贾尼斯，凯利.传播与劝服——关于态度转变的心理学研究[M].张建中，李雪晴，曾苑，等译.北京：中国人民大学出版社，2015：91.

②霍夫兰德，贾尼斯，凯利.传播与劝服——关于态度转变的心理学研究[M].张建中，李雪晴，曾苑，等译.北京：中国人民大学出版社，2015：89.

所导致的。通常情况下，说服者所提倡的态度与被说服者原有态度之间的差距越大，促使被说服者态度改变的潜在压力越大，实际态度改变也较大。但是，如果说服者所提倡的态度与被说服者原有态度之间的差距太大，说服效果反而会降低。这是因为一方面被说服者会觉得自己的态度不可能改变到消除这种差异的程度；另一方面差异太大会使人产生怀疑，从而倾向于贬低信息的来源，以求缓解紧张，而非改变态度。[①]相关研究者进一步发现了此现象背后的规律："在一开始，态度的改变量随差异程度的增加而跟着增加，但是当差异程度到达一定水平时，被说服者的态度改变量就会开始下降。"这一规律对于网络意识形态安全教育在教育方法上具有重要的指导意义。针对相关意识形态主题立场与教育者所要求的立场有太大差距的教育对象，教育者应该使用"循序渐进"的教育方法引导教育对象。大数据技术使得网络意识形态安全教育者可以通过语义识别、情感分析等手段对教育对象进行有针对的分析，进而得知其原有的情感态度与相关意识形态主题立场。教育者一旦监测到教育对象对意识形态相关主题的情感态度过于负面，可以对其进行重点关注。同时，教育者应为教育对象定制相应的教育目标。在制定教育目标时，教育者应从教育对象相对容易实现的教育目标开始。教育者通过网络技术手段可监测到教育效果，亦为教育对象态度改变的程度，然后再通过"循序渐进"的教育方法将教育对象引导到正确的价值观念与合理的情感态度上。否则教育对象可能通过贬低教育内容所提倡观点的方式来减缓自己心理上的紧张，进而给教育对象的态度改变造成更大的阻力。

3.适度重复原则

教育对象初期对传播的教育内容学习得越完整，记忆得就会越久，态度改变的持久性也就会越强烈。杰西尔德的研究结果表明，将重复传播提高三到四倍，会提高记忆度，此外即使有再多的提高，其效果都微乎其微。这些观点对网络意识形态安全教育具有一定的启示意义。首先，应适度重复传播教育内容。态度改变理论的相关研究表明，对于那些具有强大说服力的观点，不断地去重复它，因为这样会使被说服者更加仔细地对这一观点进行思考。因为那些有强大说服力的观点一般来说是正确的、经得起时间和实践考验的信息，这样在进行了更加彻底地考虑后，人们就可以更加清楚地认识到其价

①刘志.基于霍兰德态度说服模型的大学生思想政治教育实效设计[J].外国教育研究，2011(04).

值性和科学性，从而与其相反的观点形成鲜明的对比，进而使其获得更加坚定地支持；微弱的观点则在此过程中形成与此完全相反的效果。网络意识形态安全教育对象的覆盖面应该是全体网民。全体网民的年龄结构、教育程度、性格特质等情况具有很大的差异性，因而在对其进行教育时，应充分考虑制定什么样的教育内容，以及怎样重复地使用教育内容。同时，在重复传播教育内容时，应对教育内容进行意义化与生动化处理。重复不是简单地影响对信息内容的记忆。通常的效果是在某些情景下会提高记忆，没有任何奖励的过度重复会消耗教育对象的注意力，产生对教育内容的厌烦情绪和漠视。因而在对教育对象使用重复教育内容的方法时，要注意重复量的问题。相关学者指出，更有意义的材料要比不容易理解的材料更容易记忆；用各种方式去强调一段文字材料能有效提高材料的记忆；生动性的材料更容易被记忆。因而，重点教育内容可用各种生动形象的形式表达教育者所要传达的观点。在网络空间中，教育内容可通过各种生动的形式展示出来，如电影、音乐、动画等形式。

新时代网络空间意识形态话语权的建构路径

缑茹茹[①]

摘　要:新时代是以网络为中心争夺话语权的时代。在网络空间中,意识形态话语权呈现出主体多元化、载体多样化,以及内容复杂化等特征,但同时网络技术的制度化、网络信息的多元化、部分网民素质低,以及网络监管不到位等多方面也为其带来前所未有的挑战。要想在新时代牢牢把握网络空间意识形态话语权,就必须在网络空间内创新意识形态话语体系、加大网络技术的研发、提高网民素质、加强网络监管,以及搭建网络宣传平台,这样才能在新时代把握网络空间意识形态优势话语权,进而维护国家意识形态安全、维护国家安全。

关键词:新时代;网络空间;意识形态话语权

新时代科学技术不断发展进步,信息网络已与我们的生活密切相关,人类已经进入信息化时代。与此同时网络空间成为各国进行意识形态话语权交锋的主要战场。面对拥有强大网络技术的西方发达国家在网络空间内给我国意识形态话语权构建带来的诸多挑战,使我国在把握意识形态话语权、维护国家安全方面面临严峻挑战。正如党的十九大报告指出:“意识形态领

①缑茹茹,1995年生,女,汉族,山西晋城人,研究方向:网络思想政治教育。本文荣获重庆市第十届马克思主义研究生论坛三等奖。

域斗争依然复杂，国家安全面临新情况”。[①]因此，我们应当积极面对，采取必要的措施建构新时代网络空间意识形态话语权，充分重视意识形态工作。

一、网络空间意识形态话语权的内涵与特征

“以互联网为代表的信息技术日新月异，引领了社会生产新变革，创造了人类生活新空间，拓展了国家治理新领域，极大地提高了人类认识世界、改造世界的能力。”[②]互联网自发展以来，由最初的单一的、未大众化的功能到现在与人们生活密切相关，已经成为人们的第二种生活，引起了生产生活诸多方面的变化，进而影响人们意识形态方面的变化，基于这一情况，接下来阐述意识形态话语权及网络空间下意识形态话语权呈现的新特征。

（一）意识形态话语权的内涵

科学地回答意识形态话语权的内涵是深刻把握意识形态话语权的前提和基础。近年来，面对网络的迅猛发展，对意识形态话语权的把握尤为重要，但应先从其内涵说起。在学界的研究中，比较认同的一种观点是从“权”字出发来分析意识形态话语权。“权”包括权利、权力和权威。因此话语权包括话语权利、话语权力以及话语权威，三者侧重点各有不同。有学者从国内角度分析“话语权利”指出“话语权是指说话权利、发言权利”“话语权掌握在谁手里，决定了社会舆论的走向，是一种控制社会舆论走向的能力”。[③]话语权利是从伦理角度进行分析。福柯指出，“话语即权力”。因此有学者从“权力”的角度出发，分析出“话语权，并非说话的权利，更不是我们能不能发声，而是我们是否拥有让别人听从我们说话的权力。”[④]话语权力是从阶级角度进行分析，具有一定的强制性。话语权威虽然不具有话语权力的强制性和排他性，但其一经发出就具有强大的社会基础，能够得到人们的认可和支持。话语权在表象上是以话语为内容和载体，但话语之所以产生效力，关键在于话语所

---

①习近平．决胜全面建成小康社会夺取新时代中国特色社会主义伟大胜利——在中国共产党第十九次全国代表大会上的报告（2017年10月18日）［M］．北京：人民出版社，2017．

②习近平．习近平在第二届世界互联网大会开幕式上的讲话［EB/OL］．［2015-12-16］．http://news.xinhuanet.com/world/2015-12/16/c-1117481089.htm．

③吴荣生．大众话语：提升马克思主义话语权的新维度［J］．理论学刊，2016（03）．

④江畅．中国话语与中国话语权之辨析［J］．文化软实力研究，2016（04）．

包含的价值观与意识形态因素。正如马克思恩格斯指出："作为思想的生产者进行统治，他们调节着自己时代的思想的生产和分配；而这就意味着他们的思想是一个时代的占统治地位的思想。"[①]统治阶级的政治目的或其他目的往往通过意识形态反映出来。社会舆论走向往往是由掌握意识形态话语权的人所操控，而文化话语权的掌控者则不论是哪个国家、民族以及阶级。因此，掌握意识形态话语权对社会舆论起着重要作用。所谓意识形态狭义上指统治阶级的统治思想，本身是一种思想领导权。学者总结说"话语权的争夺，实质上就是意识形态之争。"[②]总之，意识形态话语权既是一种权利，也是权力和权威，既是一种思想领导权，又是强制地对社会的一种规范，最终达到政治目的及扩大国际影响力的一种能力。即"一个社会组织、团体或政党，为确立其自身形象和社会地位，以及组织目标的实现，通过话语体系建设，将其世界观、价值理念及政治信仰传播于社会，并作用于人们思想意识的一种影响力。"[③]

（二）网络空间意识形态话语权的特征

互联网时代，人们发送信息、传送信息以及接收信息都在网络平台上完成，与以往信息的产生、传递有很大的差异。在网络空间中，不仅人们的生产生活方式发生重大的改变，而且人们的思想、价值观念也随之产生重大影响。因此，在这种条件下，网络技术的迅猛发展为我们党把握意识形态话语权提供了机遇，为我们抵御各种社会思潮，用社会主义核心价值观引领社会思潮提供了契机，为我们提升意识形态话语权地位，扩大国内、国际马克思主义意识形态影响力提供了重大动力。新时期网络空间意识形态话语权呈现出以下新特征。

1.主体多元化

中国是一个不断发展进步的大国，是一个不断紧跟时代步伐的大国。改革开放特别是党的十八大以来，中国的经济取得了举世瞩目的成就。科学技术是第一生产力，对网络话语权的把握程度，关乎国家的发展程度。随着我

①马克思恩格斯选集：第1卷[M].北京：人民出版社，1995：135.

②曹建文.话语权视阈下维护意识形态安全的"三重逻辑"[J].马克思主义研究，2019(06).

③聂筱谕.西方的控制操纵与中国的突围破局——基于全媒时代意识形态话语权争夺的审视[J].世界经济与政治论坛，2014(03).

国科学技术的不断研发，我国的互联网技术也取得了重大成就，网民数量占据全球网民的很大比重。“我国互联网和信息化工作取得了显著发展成就，网络走入千家万户，网民数量世界第一，我国已经成为网络大国。”①我国成为世界上网民最多的国家，这对我们党把握意识形态话语权提供了更为广泛的话语平台，且提供了广泛的群众基础。互联网的不断普及已呈现出社会各项工作朝网络发展的趋势。一方面政府宣传理论、制度不再像以前一样“亲力亲为”地“跑断腿”，现在的网络技术使得政府的政策、新理论全方位无死角地覆盖在人们的生活中，省时省力。另一方面来说，对公民的参政也提供了极大的便利，网上参政、网络监督政府的行为，并不断宣传，群众基础不断扩大。网络空间使得意识形态话语权呈现出主体多元化的特征。

2. 载体多样化

“互联网是一个社会信息大平台，亿万网民在上面获得信息、交流信息，这会对他们的求知途径，思维方式，价值观念产生重要影响，特别是会对他们对国家、对社会、对工作、对人生的看法产生重要影响。”②这是习近平总书记指出的重要内容。当今网络横飞，在网络空间中充当信息交往媒介的载体呈现出多样化的特点，这就为网络空间进行意识形态话语权构建提供了多种渠道。在网络这一大的背景下，不仅有传统的个人网站、个人主页、贴吧等电脑媒介，还有微信、qq、微博、微信公众号等手机媒介。除此之外，还有以移动数字电视、数字游戏、办公管理系统等新媒体手段。不少用户还比较重视今日头条、搜狐、移动阅读端等自媒体的运用。现如今，一切生活都与信息网络息息相关。在网络空间中对意识形态话语权的构建正是抓住这一历史机遇，以多种载体来弘扬马克思主义意识形态话语权。毋庸置疑多载体的运用，对于弘扬主旋律发挥着至关重要的作用。网络空间是人们生活的第二空间，在此条件下，党政部门应当紧抓意识形态工作，运用多种载体弘扬主流意识形态，但同时需要注意对网络及网民进行引导，不断净化网络空间。新时代，把握网络空间意识形态话语权载体多样化的特征，提升网络空间中人们的幸福感。

---

①习近平. 习近平谈治国理政[M]. 北京：外文出版社，2014：197.

②习近平. 习近平谈治国理政：第2卷[M]. 北京：外文出版社，2017：335.

3. 内容的复杂化

新时代，各国争夺网络空间已经呈现出日趋激烈的态势，能否在网络空间中占据主导地位，关乎国家在世界民族之林中的话语权。正如习近平总书记所说："网络信息是跨国界流动的，信息流引领技术流、资金流、人才流，信息资源日益成为重要的生产要素和社会财富，信息掌握的多寡成为国家软实力和竞争力的重要标志。"[①]但在这种极具开放性的网络空间中，资源的共享性以及"无政府状态"使得西方各种社会思潮涌入中国，宣称"历史终结论""普世价值""社会主义失败论"等，这些错误的社会思潮充斥着人们的大脑，冲击着马克思主义意识形态，误导着缺乏价值判断力的人们的思想。这些非主流意识形态充当着网络空间内的内容，对主流马克思主义意识形态进行冲击、谩骂与诋毁，这无疑要求我们重点防范。同时，网民对信息的发出、传递都会以一种潜在的方式充当着意识形态的内容，这些都使得意识形态内容出现复杂化特征。另一方面在网络空间中，我们可以将中国优秀传统文化对外弘扬，特别是一些难以弘扬的传统文化，通过网络技术促进中国优秀传统文化走出国门，在国际范围内充当意识形态的内容。中国应当继续深化发展，在新时代促进中国优秀传统文化、中国特色社会主义文化，以及马克思主义意识形态拥有深刻的时代内涵，并不断取得举世瞩目的成就，让错误的社会思潮在中国巨大成就面前黯然失色。

二、新时代网络空间意识形态话语权构建的挑战

在新时代信息网络技术作为科技发展的一种反应，对社会发展产生了重要的影响，极大地促进了信息的交流与传播。人们在网络空间中畅所欲言，表达自己的利益诉求，释放自己的思想，试图将自我意识上升为网络空间的主流意识。但是任何事情都具有两面性，新时代在网络空间中进行意识形态构建仍然存在一系列的问题。如"利用网络鼓吹推翻国家政权，煽动宗教极端主义，宣扬民族分裂思想，教唆暴力恐怖活动"，以及"利用网络进行欺诈活动，散布色情材料，进行人身攻击，兜售非法物品。"[②]这些情况表明，新时代网

①习近平．习近平谈治国理政[M]．北京：外文出版社，2014：198．

②习近平．习近平谈治国理政：第2卷[M]．北京：外文出版社，2017：336．

络空间意识形态话语权的构建存在着挑战。

（一）网络技术制度化对新时期网络空间意识形态话语权构建带来挑战

以美国为首的西方发达资本主义国家在信息技术领域拥有着其他国家无法比拟的优势，新时代他们在技术优势的背景下不断进行意识形态渗透，宣扬西方的“普世价值”，对我国意识形态话语权造成了极大的冲击，进而影响国家安全。网络技术本应是人们进行活动的手段，技术本不应有制度、国家的色彩，而现如今，在新时代网络技术呈现出多种不同的特征，这一系列变化致使新时代网络空间中意识形态话语权的构建面临巨大的挑战。

第一，网络技术的制度化冲击着人们的自主选择能力。网络信息技术发源于美国，“美国的Windows，IOS和Android操作系统称霸PC、平板电脑和智能手机，微软占据着全球个人电脑90%以上的操作系统市场，具有无可动摇的垄断地位。”[①]美国对网络技术的研发一直处于领先水平，而科研人员在研发技术中，不自觉地将网络技术赋予国家制度的色彩，并将自身意志渗透到各类产品中。当缺乏自我辨别能力、选择能力的人群运用这些科研产品时，将不自觉地落入设计者的陷阱中并更加弱化人们的自我选择能力。因此，在新时代，拥有强大的网络技术，以及政治权利的专家就会操纵世界范围内的意识形态，争夺意识形态话语权主阵地，对我国在新时代网络空间意识形态话语权构建带来巨大的挑战。

第二，我国网络技术与发达国家之间的差距致使在意识形态话语权构建中处于不利地位。正如上文所说，以美国为首的西方发达资本主义国家拥有强大的技术优势，创新能力强，而中国虽然在技术上不断进步，但与西方国家相比，还存在一定的差距。一方面西方国家凭借其强大的科技优势实行网络霸权，不断宣扬其意识形态因素，扰乱我国意识形态工作；另一方面又对我国国家重大决策进行网络监听，实施网络侵略，这些都在很大程度上对我国意识形态话语权的构建带来挑战。

（二）网络信息的多元化对新时期网络空间意识形态话语权构建带来挑战

“现代传媒技术的发展扩大了传媒的植入人群，低门槛化的资格准入会

①杜雁芸.美国网络霸权实现的路径分析[J].太平洋学报，2006(02).

导致信息的准确性和可信度大大降低，加之监督能力的弱化，致使虚假信息挤占真实信息的空间，人们的价值观出现混乱。虚假信息的膨胀一方面会挤占马克思主义话语权的关注量，另一方面会削弱马克思主义对广大民众的作用力，从而削弱了马克思主义意识形态的控制力。"①如上所述，在新时代不断争夺网络空间意识形态话语权已成为各国主要的争论点。西方国家凭借其技术优势进行意识形态渗透，使多元社会思潮不断涌现在网络空间中，并充当网络空间的主要内容，其中不乏反马克思主义思潮。这些社会思潮满足人们的心理需求，迎合人们的兴趣，就必然削弱主流意识形态话语权的地位。

同时，在新时代网络空间内的信息呈现出多而杂的特点下，政府对信息的引领、整合，以及对马克思主义意识形态话语权的把握、领导面临重大的挑战。海量的网络信息呈碎片化、表面化、体现主体意志化等特点，且现代年轻人对网络信息的依附性很强，并没有强烈的马克思主义意识，使得国内、国外信息的发布都出现忽视主流意识形态的特征，信息交往的开放性，流动性使党和政府对信息整合难度加大，对在网络空间中意识形态话语权构建难度加大。

（三）部分网民素质低对新时期网络空间意识形态话语权构建带来挑战

新时代，在网络与人们密切联系的环境下，网民素质对网络空间意识形态话语权构建具有重要意义。其中，科学文化素质与思想道德素质是影响网民素质的两个极为重要的方面。首先，西方国家重视把握人才培养的机遇，不断提高人们的科学文化素质，在网络空间中实施话语霸权。中国也深刻认识到这一趋势，先后实施科教兴国、文化强国战略，但终究在人才优势上与西方国家有一定的差距，使得西方国家对我国意识形态进行冲击，削弱马克思主义意识形态的领导地位。其次，网民思想道德素质不高。在社会主义国家的网民中，对马克思主义的立场还不够坚定，对共产主义事业信心不足，这样就不能以先进的理论武装头脑，并思路清晰地抵制西方国家的意识形态渗透。最后，正是由于以上两点使得人们辨别网络空间内的各种信息能力存在很大的问题，面对良莠不齐的信息，人们就会出现满足于此刻利益，符合其现在的看法就接受的现象。这种对马克思主义意识形态缺乏信仰的局面必然

①刘虎.大众传媒视域下的马克思主义话语权建构[J].重庆科技学院学报(社会科学版),2012(04).

会对新时期网络空间意识形态的构建带来挑战。

(四)网络监管不到位对新时期网络空间意识形态话语权构建带来挑战

新时期网络空间是极具开放性的,网民又具有交互性的特征,即既是信息的发出者,又是信息的接收者,在这种开放的环境下,人们随心所欲地发表自己的看法,表达自己的利益诉求。这样信息一经发出,就会广泛传播,引发人们的共鸣。当多种反主流意识形态的言论发表时就会引起社会意识形态领域的动乱。这些都是网络空间的"无政府主义"造成的。尽管网络空间中存在一系列的规章制度,但并不完整,并没有完全将网络世界像现实世界一样有序管理。在这一点上也为西方国家开展意识形态工作,争夺意识形态话语权提供了机遇,因此,网络监管的不到位是在新时代削弱国家意识形态话语权的重要因素。

三、新时代网络空间意识形态话语权构建的有效途径

中国特色社会主义进入了新时代,面对上述网络空间意识形态话语权构建的诸多挑战,我们应当积极应对,寻找新时代构建网络空间意识形态话语权的有效路径。

(一)创新新时代网络空间马克思主义意识形态话语体系

新时代网络空间意识形态话语权之争最重要的是意识形态话语内容之争,无论怎样的思想文化观点都应通过网络以不同的方式进行传播,要敢于发声。意识形态话语内容的创新对争夺新时期网络空间意识形态话语权具有重要的作用。习近平总书记指出:"当前,社会上思想活跃、观念碰撞,互联网等新技术新媒介日新月异,我们要审时度势、因势利导,创新内容和载体,改进方式和方法,使精神文明建设始终充满生机活力。"①

第一,话语内容的创新。在网络空间中,良好平台的搭建,良好话语表达形式的构造,多数只会充当流量内容,给人们产生碎片化的影响。因此,要把创新马克思主义意识形态话语内容置于发展的制高点。要想创新马克思主义意识形态话语内容,就需将马克思主义意识形态的真理性、科学性,以及先

---

①习近平.习近平谈治国理政:第2卷[M].北京:外文出版社,2017:324.

进性展现在网络空间中，使马克思主义意识形态符合人们对世界的认识，满足人们的需求。当世界面临重大问题时都会回顾研读马克思主义，一个重要的原因就在于马克思主义以其科学性及预见性解决了现实中发生的重大问题。因此，要以马克思主义为基础，并将马克思主义与现实生活的时代特征相结合，不断反映现实需求，创新话语内容。

第二，话语议题的创设。新时代在网络空间中，各种社会思潮争占话语权的主导地位，但在这一过程中难免也会出现空窗期。出现这一状况不免会让人想到网络信息的碎片化，但究其根本原因还是其话语议题的吸引性，科学性不足，以及现实性缺失。在此问题的指导下，应当创设马克思主义意识形态话语议题，反映时代特征、民众需求，不断彰显其科学性。同时应当坚持中国特色社会主义道路，在新时代中增强四个自信，自觉抵制西方反主流意识形态的入侵。因此，审时度势，把握先机，敢于表达，创设有利于己的话语议题是新时代创新马克思主义话语体系的关键一环。

（二）加大网络技术的研发

西方国家凭借其技术优势施展话语霸权，在网络空间对我国意识形态话语权构建进行冲击，在这样的紧张局势下，应加强网络技术的人才队伍建设，并不断加强网络核心技术的研发，为网络空间意识形态话语权的构建提供技术支持。

第一，对网络技术人才队伍的建设。国家建设的好坏关键在于人才拥有的多少。西方国家之所以拥有先进的科学技术，重要的原因就是其对人才的重视及培养。马克思主义意识形态话语权要想在新时代网络空间中占据主导地位，就要加强人才培养，重视网络技术人才队伍建设。具体应做到以下两点：其一，加大专业人才的培养，并对培养人才的制度进行调整。在加强高校开设专业课程、扩大招生的基础下还应当积极鼓励为国家培养专业化人才的专业培训机构，并利用线上线下培养人才，为专业人才的培养提供更广泛的环境；其二，加大对网络信息技术完善的背景下人才的引进。可以对专业型人才提供一定的优惠政策，如住房补贴、研发经费等，从而为我国网络技术的发展提供专业性人才，进而为网络空间意识形态话语权构建提供技术支持。

第二，加强对网络核心技术的研发。中国在网络技术方面对西方发达国家还存在一定的依赖性，自主性较弱。为在新时代网络空间中把握马克思主义意识形态话语权，就必须减少乃至消除对西方国家的技术依赖，削弱西方国家的技术霸权。具体来说，应当对本国网络核心技术的规划进行完善和整合，逐步形成严密的独立的研发科学体系。同时，紧跟时代的步伐，将新兴技术的研发也纳入国家的研发计划中，不断使国家掌握关键核心技术的自主权。这样就防范受牵于人，减轻乃至消减对新时代网络空间意识形态话语权的构建的影响。

（三）提高公民网络素质

新时期网络空间意识形态话语权构建归根到底与网民素质有很大的关系。抓住网民这一主体的素质对我们新时期网络空间意识形态话语权构建提供强大的群众基础。

首先，在网络空间中运用网络的人们都应提高其自身的思想道德素质以及科学文化素质。科学文化素质高，就能不断提高辨别信息的能力，不断地随着时代的变化了解网络的特点，从而增强自我选择能力，最终正确防范反主流意识形态在网络空间内对我国马克思主义意识形态的破坏。当然这一切都应建立在重视网民这一主体上。网络事件的爆发和网民的跟风有很大的关系。因此习近平总书记指出："把创新的重心放在基层一线"[①]，抓基层，就是要重视网民思想道德素质和科学文化素质，不断发挥马克思主义意识形态的引领作用，提高人们明辨各种是非的能力，文明上网，规矩上网。

其次，发挥意见领袖的引领作用。"网络红人"在新时代网络空间中具有很大的影响力，拥有着自己的粉丝团，他们的言论会对我们党意识形态话语权的构建产生一定的影响。我们应当抓住"意见领袖"的影响力来宣传我们的主流意识形态。使"他们不仅能够发挥能动性，还能作为主流意识形态的信仰者和坚守者，在网络空间中发挥出价值引领作用。"[②]正如习近平总书记指出的："随着互联网快速发展，包括新媒体从业人员和网络'意见领袖'在内的网络人士大量涌现。在这两个群体中，有些经营网络、是'搭台'的，有些网

①习近平．习近平谈治国理政[M]．北京：外文出版社，2014：155.

②黄英燕，陈宗章．网络思想政治教育主体的主体性[J]．重庆邮电大学学报（社会科学版）.2017(05).

上发声、是'唱戏'的,往往能左右互联网议题,能量不可小觑。我说过互联网是当前宣传思想工作的主要阵地。这个阵地我们不去占领,人家就会去占领;这部分人我们不去团结,人家就会去拉拢。要把这些人中的代表人士纳入统战视野,建立经常性联系渠道,加强线上互动、线下沟通,引导其政治观点,增强其政治认同。"①

最后,加强对网络规则制定者的监督。新时期网络空间意识形态出现的混乱现象是由于在网络空间中没有形成像现实生活中的完整的规章制度,并缺乏对网络经营者进行监督。要想在新时期网络空间中加强意识形态话语权的构建,就要加强对网络规则制定及运营的监督。网络规则制定者要将党性和人民性统一起来,满足人民群众的利益诉求。周耀宏指出:"'好的'人民报刊是一种'国家精神',是'和谐地融合了人民精神的一切真正要素'。"②因此,意识形态话语权的构建要与广大人民群众相结合,"坚持人民性,就是要把实现好、维护好、发展好最广大人民群众的根本利益作为出发点和落脚点,坚持以民为本,以人为本"③。

总之,新时代网络空间意识形态话语权的构建应当重视网民素质的提高,注重价值主体的可分解性,分不同的群体进行意识形态引领,满足广大人民群众的需求,真正做到马克思主义意识形态的入脑入心。从网民素质的提高中加强新时代网络空间意识形态话语权的构建。

(四)加强网络监管

新时代在网络空间中随着网民人数的不断扩大,对网络的监督和管理呈现出弱化的现象,政府的整合、领导能力减弱,对网络空间意识形态的监督也存在一定的问题。因此,应当在以下方面加强网络监督,从而加强对新时代网络空间意识形态话语权的把握。

首先,制定法律法规约束网络空间。在网络空间中虽然也有一定的规章制度,但是打击力度比较小,不够明确,不够完善。因此,需要一套完整的法律法规进行约束。一方面,应当先完善网络空间已有的法律,构建网络空间内各部门之间的规范,达到网络空间中各部门的统一,为新时代网络空间意

①习近平.习近平谈治国理政:第2卷[M].北京:外文出版社,2017:325.

②周耀宏.新时代网络空间意识形态话语权的掌控策略[J].重庆邮电大学学报(社会科学版),2018(05).

③习近平.习近平谈治国理政[M].北京:外文出版社,2014:154.

识形态话语权的构建提供良好的环境。另一方面,应当制定一些网络空间的弥补法律。网络空间中出现的问题错综复杂,尤其是在当今世界西方国家所进行的意识形态渗透,多元社会思潮的影响下,我们应当制定一些法律来弥补网络空间中法律的空白。

其次,加大网络空间危害意识形态的言行的惩治力度。在新时代各种"网络名人"出现,各种网络社交软件也运用于我们的日常生活中,其中不乏网络红人的不正当言行直接会对意识形态的构建造成冲击。如近期在抖音上发生的对革命先烈的侮辱,是对主流意识形态的冲击。对于这些问题,现在网络空间中采取的是封号以示惩戒,但这些根本引不起人们的重视,我们应当加大惩治力度,对情节严重的处罚金或付诸刑事手段。只有这样,网络空间才能得到净化,才能真正地得到规整,新时代网络空间意识形态话语权构建才能倡导主旋律,达到实效。

最后,政府要及时引导规制网络舆论。上述已对网络空间内信息的复杂,以及西方话语霸权的本质进行揭露,因此政府在面对这一情况,应积极融入网络空间中,及时获取最新的网络话题,对于不利于主流意识形态的言论因势利导,减少对新时期网络空间意识形态话语权把握的冲击。同时政府应当加强与民众之间的对话,了解人们的利益诉求,解决人民的问题,使民众的不满得到及时的解决,化消极为积极。

(五)搭建网络宣传平台

新时代网络空间意识形态话语权的构建虽然需要广大的群众基础,但是要想提升其话语权的影响范围,就需要搭建网络宣传平台。良好的宣传方法会使宣传达到事半功倍的效果,因此,应当注重新时代网络空间意识形态话语权宣传的方式方法。

首先,注重传统媒体重要作用的发挥。在网络技术产生之前,人们获取信息的渠道主要是电视、报纸、广播等。在新时期,数字网络技术的发展,导致人们对传统媒体的关注度不高,转而向数字移动设备转移。其实,出现这些原因一方面是由于传统媒体传输的内容、形式不够新颖,没有迎合广大民众对内容及审美方面的需求;另一方面是传统媒体没有跟随时代的特点,呈现出过时性等特征。因此,在新时代网络空间中,传统媒体应当紧跟时代的潮流，反映时代的特征，创新内容形式，如播放满足人民诉求的、反映社会现实的红色影片，使马克思主义引领与艺术表达相结合，实现新时代网络空间意识形态话语权的构建。

其次，注重新媒体重要作用的发挥。新时代，我们要坚守新媒体的主要阵地，重视主流网站如红色网站等新媒体的完善和发展，宣传社会主义核心价值观，弘扬主旋律，使马克思主义意识形态填充新媒体的主要内容，占领网络空间，营造良好的新媒体平台。

最后，注重互联网背景下各种媒介作用的发挥。伴随着网络技术的发展各种网络传播媒介也应运而生。作为思想政治教育的宣传部门，应当善于利用这些网络媒介，如微信、qq、微博等公众平台，完整准确地宣传党的政治主张，同时也应当在网络媒介中搜集民众的意见、需求，从人民群众出发，线下解决民众的现实问题。这样上传下达，双管齐下，发挥新时期网络空间意识形态话语权构建的实效性。

总之，网络的发展是不可逆转的历史潮流，已经深深融入我们的现实生活中。从新时代网络空间意识形态话语权构建所面临的挑战出发，我们党和国家应当创新马克思主义意识形态话语内容、提高科研实力、提高网民素质、加大网络监督，以及搭建网络宣传平台，积极争占意识形态主战场，以更大、更广的视野来解决国内、国际问题，不断扩展马克思主义意识形态国内、国际话语权，为实现新时期网络空间意识形态话语权的构建创造条件，为维护国家安全、实现中华民族伟大复兴创造条件。

新中国70年中国共产党引领民族复兴的历程回顾与经验总结*

陈沛珊①

摘　要：坚持中国共产党的领导是实现中华民族伟大复兴的根本保证。新中国70年以来，我们党始终践行为中国人民谋幸福、为中华民族谋复兴的初心使命，不断引领民族复兴伟大梦想向前推进，探索出一系列成功经验。在中国特色社会主义进入新时代的历史方位下，党引领民族复兴必须进一步坚持和加强党的全面领导，贯彻以人民为中心的发展理念，坚持"五位一体"与"四个全面"系统推进，增强防范化解各种风险挑战能力，从而使党更好肩负起实现中华民族伟大复兴的历史重任。

关键词：中国共产党；民族复兴；新时代；新中国成立以来

2019年10月1日，习近平在庆祝中华人民共和国成立70周年大会上强调，新中国的成立"彻底改变了近代以后100多年中国积贫积弱、受人欺凌的悲惨命运，中华民族走上了实现伟大复兴的壮阔道路"，必须"牢记使命，继续把我们的人民共和国巩固好、发展好，继续为实现'两个一百年'奋斗目标、实现中华民族伟大复兴的中国梦而努力奋斗"②。这一重要讲话进一步明确了

---

* 基金项目：重庆市社会科学规划重点委托项目"中国共产党引领民族复兴的基本历程和经验研究"（2019ZDZT20）

①陈沛珊，1996年生，女，汉族，重庆人，研究方向：党史党建研究。本文荣获重庆市第十届马克思主义研究生论坛三等奖。

②习近平．在庆祝中华人民共和国成立70周年大会上的讲话[N]．人民日报，2019-10-02.

中国共产党引领民族复兴的重大作用，为新时代党引领民族复兴伟大征程指明了方向。新中国成立以来，党对实现中华民族伟大复兴进行了艰辛探索，总结探索进程中的基本经验，对于新时代继续推进中华民族伟大复兴具有重要意义。

一、新中国70年中国共产党引领民族复兴的历程回顾

在漫漫的历史长河中，中华民族曾创造过令人赞叹的中华文明，为人类做出了卓越贡献，成为世界伟大的民族。鸦片战争以后，在西方列强入侵和国内封建腐败统治双重作用下，近代中国逐步沦为半殖民地半封建社会，为了寻求救国救民道路，近代以来仁人志士进行了艰辛探索。1921年，中国共产党成立这一“开天辟地的大事变”，深刻改变了中华民族的发展方向与前途命运，我们党义无反顾地担负起实现民族复兴的历史使命，为实现中华民族伟大复兴开辟了崭新的历史起点，开启了重塑民族自信、走向民族复兴的伟大征程。新中国的成立，我们党成为中国的执政党和领导党，在党引领民族复兴史上具有里程碑意义。自此，我们党成为中国的执政党和领导党，在党的领导下中华民族实现了从站起来、富起来到强起来的伟大飞跃，使民族复兴有了坚强有力的主心骨。

（一）民族复兴的基础厚植期（1949—1978）

党的成立是中华民族伟大复兴的关键历史节点，“一经成立，就把实现共产主义作为党的最高理想和最终目标，义无反顾肩负起实现中华民族伟大复兴的历史使命”[①]。自此，我们党就肩负起拯救中华民族于危难之中的重任，28年的新民主主义革命奠定了民族复兴的坚实基础。新中国的成立使中华民族摆脱了百年屈辱的历史，民族独立为民族复兴扫清了障碍，逐步使民族复兴的梦想成为现实。新中国成立初期，毛泽东曾指出：“进到二十一世纪的时候，中国的面目更要大变。中国将变为一个强大的社会主义工业国”，“中国应当对于人类有较大的贡献。而这种贡献，在过去一个长时期内，则是太少了。”[②]为了改变新中国成立初期“一穷二白”的落后面貌，以毛泽东同志为

①中国共产党第十九次全国代表大会文件汇编[M].北京：人民出版社，2017：11.

②毛泽东文集：第7卷[M].北京：人民出版社，1999：157.

代表的中国共产党人，带领全国人民迅速从战争的伤痛中走出来，完成土地改革、没收官僚资本、镇压反革命等民主革命遗留任务，致力于恢复和发展国民经济。为了厚实民族复兴的物质基础和制度基础，党提出了过渡时期总路线，1956年底，随着“一五计划”提前完成和“三大改造”基本完成，社会主义基本制度在我国初步建立起来，中国“变成一个大强国而又使人可亲”[①]的社会主义国家，这为当代中国的社会主义发展和民族复兴奠定了良好的制度基础。苏共二十大以后，为了克服“苏联模式”弊端，我们党提出了“以苏为鉴”，开始寻找适合中国国情的社会主义发展道路和社会主义建设规律，为党引领民族复兴奠定了重要的道路基础。

（二）民族复兴的深入推进期（1978—2012）

为了总结党在民族复兴进程中对“什么是社会主义、怎样建设社会主义”探索的经验教训，党的十一届三中全会做出把党的工作重心转移到经济建设上来、实行改革开放的战略决策，这一决策的实施赋予民族复兴新的强大生机活力。基于“和平与发展”时代主题的判断、社会主义现代化建设的实际，邓小平提出“走出一条中国式的现代化道路”[②]。党的十三大报告最早使用了“中华民族伟大复兴”的标准表述，指出社会主义初级阶段是“实现中华民族伟大复兴的阶段”[③]。改革开放之后，为了实现社会主义现代化和民族复兴这一历史使命，根据我国经济、文化落后的实际，我们党深刻揭示了社会主义本质，提出党在社会主义初级阶段的基本纲领，描绘了“三步走”的发展战略，提出实现祖国统一的“一国两制”科学构想等，开创了中国特色社会主义道路，党引领实现民族复兴有了更为清晰而切实的战略目标和步骤。从此，中华民族伟大复兴与中国特色社会主义紧密联系在一起。党的十四届三中全会以后，以江泽民为代表的中国共产党人描绘了中华民族跨世纪发展的宏伟蓝图，提出新“三步走”战略、把“有中国特色社会主义事业建设成功”和“完成祖国统一大业”作为“实现中华民族伟大复兴的两个主要标志”[④]，将党引领的民族复兴目标进一步细化具体，为全面建设小康社会打下坚实基础。党的十六

①毛泽东文集：第7卷[M].北京：人民出版社，1999：291.

②邓小平文选：第2卷[M].北京：人民出版社，1994：163.

③十三大以来重要文献选编（上）[M].北京：人民出版社，1991：13.

④中共中央文献研究室编写组.中国：1978—2008[M].北京：中央文献出版社，2009：245.

大以后，以胡锦涛为代表的中国共产党人，深刻认识到实现中华民族伟大复兴任重道远，提出“要紧紧抓住并切实用好我国发展的重要战略机遇期”[①]，第一次提出全面建设小康社会的奋斗目标。党的十八大报告首次将“实现中华民族伟大复兴”确定为“建设中国特色社会主义”总任务，开拓了中国特色社会主义发展道路的新征程，进一步推进了民族复兴向前发展。

（三）民族复兴的关键决胜期（2012年以来）

在新民主主义革命、社会主义建设、改革开放等不同历史时期，党的领导为民族复兴提供了根本政治前提，保证了民族复兴正确发展道路。党的十八大以来，实现中华民族伟大复兴进入了关键阶段，以习近平同志为核心的党中央领导人民进行具有许多新的历史特点的伟大斗争，党和国家各项事业取得历史性成就，为中华民族伟大复兴奠定坚实的物质、制度和思想基础。党的十八大勾画了新的历史条件下全面建成小康社会、加快推进社会主义现代化的宏伟蓝图，2012年11月，习近平在参观中国国家博物馆《复兴之路》展览时，对“中国梦”做了明确阐释，指出：“实现中华民族伟大复兴，就是中华民族近代以来最伟大的梦想。这个梦想，凝聚了几代中国人的夙愿，体现了中华民族和中国人民的整体利益，是每一个中华儿女的共同期盼。”[②]此后，他多次论述和阐释“中国梦”“强国梦”“强军梦”等系列概念，提出“两个一百年”的奋斗目标和中华民族的伟大复兴梦想，指明中国梦的本质是国家富强、民族振兴、人民幸福。党的十八大以来，以新发展理念为引领，聚焦“四个全面”战略布局与“五位一体”总体布局，推进国家治理体系和治理能力现代化，为实现中华民族伟大复兴系统地做出规划和安排。党的十九大报告提出，当今中国特色社会主义进入了新时代，站在推进全面建成小康社会目标的新起点上，分两步走，在本世纪中叶全面建成富强民主文明和谐美丽的社会主义现代化强国的宏伟目标，这是党的历史上第一次提出了建设社会主义现代化强国的目标，擘画出了民族复兴的时间表和路线图。

①胡锦涛文选：第3卷[M].北京：人民出版社，2016：559.

②十八大以来重要文献选编（上）[M].北京：中央文献出版社，2014：84.

二、新中国70年中国共产党引领民族复兴的主要经验

新中国成立70年来，中国共产党带领中国人民创造了伟大的奇迹，推动中国社会发生了历史性变革，中华民族迎来了从站起来、富起来到强起来的伟大飞跃，实现了从落后于时代、赶上时代到引领时代的伟大跨越，挖掘党引领民族复兴的丰富经验，对于走好新时代民族复兴之路具有重要启示意义。

（一）党的坚强领导是实现民族复兴的根本保证

在俄国十月革命的深刻影响下，马克思主义在传入中国后，进行了深入而广泛的传播，并且与中国工人运动深入结合起来，自此，实现民族复兴这一近代以来中国人的夙愿有了坚强的领导力量。正如毛泽东指出："人民要解放，就把权力委托给能够代表他们的、能够忠实为他们办事的人，这就是我们共产党人。"①在党领导革命、建设和改革的历程中，我们党始终坚持以实现民族独立、人民解放为目标，以民族复兴为己任，锤炼了应对各种风险挑战的能力，作为使命型的马克思主义执政党，具有强烈的历史主体意识和责任担当情怀，拥有长远的战略目标和实际的行动举措，对推动中国社会发展和实现民族复兴肩有崇高的历史使命，面对国内外各种风险挑战有着沉着的战略定力。因而，在中华民族现代发展史的每一个重要节点上，我们党都彰显出强大的领导力。习近平指出："没有中国共产党的领导，民族复兴必然是空想。"②中国共产党是我国的执政党和领导党，党的领导是社会主义中国的最大政治优势，我们党能够团结各种因素，集聚民族复兴的积极力量，发挥总揽全局、协调各方的作用，推动党对一切工作的领导，从而党成为引领民族复兴的主心骨，担负起了历史赋予的神圣使命，为实现民族复兴提供了坚强的政治保证。

（二）中国化马克思主义理论是实现民族复兴的思想基础

《共产党宣言》序言明确使用了"民族复兴"的概念，在1892年波兰文版序言指出："一个独立强盛的波兰的复兴是一件不仅关系到波兰人而且关系到我们大家的事情。欧洲各民族的真诚的国际合作，只有当每个民族自己完全

①毛泽东选集：第4卷[M].北京：人民出版社，1991：1128.

②习近平.决胜全面建成小康社会夺取新时代中国特色社会主义伟大胜利——在中国共产党第十九次全国代表大会上的报告[M].北京：人民出版社，2017：16.

当家作主的时候才能实现”[①]，这为被压迫民族实现民族复兴指明了方向。毛泽东强调：“主义譬如一面旗子，旗子立起了，大家才有所指望，才知所趋赴。”[②]马克思主义是指导中国共产党发展的思想理论基础，自建党之始，我们党就将马克思主义作为“立党之本”写在旗帜上，使之成为全党的共同语言和行动指南。在推动实现中华民族伟大复兴的历史进程中，我们党注重把马克思主义与中国具体实际相结合，产生了毛泽东思想和中国特色社会主义理论体系这一马克思主义中国化两大理论成果，指引着中国革命、建设和改革向前发展，为党引领中华民族从站起来、富起来到强起来提供了锐利思想武器。党的十八以来，中国特色社会主义进入新时代，以习近平同志为核心的党中央描绘了实现“两个一百年”奋斗目标和建设社会主义现代化强国的宏伟蓝图，坚持了实现民族复兴的目标与手段、理想与现实途径的统一，发出了实现民族复兴的时代强音，新思想指引着新征程，坚定了实现民族复兴的信念信心。

（三）中国特色社会主义是实现民族复兴的精神旗帜

中国特色社会主义是近代以来中国社会发展的必然选择，承载着历代中国共产党人的理想和探索，是党和人民长期实践取得的根本成就。举什么旗、走什么路，直接构成能否真正推动实现民族复兴的必要条件，是民族复兴进程中必须解决好的重大政治命题。社会主义是实现民族复兴的必由之路。改革开放以来，中国特色社会主义是党的全部理论和实践的主题，“坚持和发展中国特色社会主义是一篇大文章……现在，我们这一代共产党人的任务，就是继续把这篇大文章写下去”[③]。中国特色社会主义为实现民族复兴确立了根本方向和基本价值，塑造了民族复兴实现之路的基本走向，彰显了民族复兴的本质要求。中国特色社会主义道路为民族复兴提供道路引领，中国特色社会主义制度为民族复兴提供制度保障，中国特色社会主义理论体系为民族复兴提供强有力的行动指南，中国特色社会主义文化为民族复兴体提供精神能量。在党的领导下，新中国70年来，经济实力和综合国力大幅跃升，社会文明程度显著提升，人民生活水平实现了从贫困到温饱再到总体小康的历史

---

①马克思恩格斯选集：第1卷[M].北京：人民出版社，2012：395.

②毛泽东早期文稿[M].长沙：湖南出版社，1990：554.

③习近平.习近平谈治国理政[M].北京：外文出版社，2018：23.

性跨越，中华民族实现了从过去落后于时代、现在赶上时代到未来引领时代的伟大飞跃，充分彰显了中国特色社会主义发展的旺盛生命力，为实现民族复兴提供了强大的动力支持，并转化为民族复兴的生动实践和物质力量。

（四）尊重人民群众历史主体地位是实现民族复兴的根本力量

马克思主义认为，人民群众是历史的主体，是历史的创造者，是社会物质财富和精神财富的创造者，是社会变革和发展的决定性力量。人类社会的发展、变革与进步都离不开人民群众的力量支持。实现民族复兴，既是中国人民的根本利益所在，也是党的历史责任和使命所在。新中国的成立，标志着党领导人民建立起了人民当家作主的国家政权，人民成为国家真正的主人，为民族复兴奠定了根本的政治前提和制度基础。改革开放和社会主义现代化建设，依靠的是人民群众这一根本力量。与此同时，坚持发展社会生产力这一根本任务，不断改善人民生活水平，维护了人民的根本利益和巩固了人民当家作主的根本地位。所以，从根本上讲，人民群众是实现民族复兴的根本依靠力量，民族复兴事业是中国人民群众自己的事业，“中国梦归根到底是人民的梦，必须紧紧依靠人民来实现，必须不断为人民造福”[①]紧紧依靠人民群众能极大激发党和人民推进民族复兴的创造活力。

（五）以战略思维制定可行目标是实现民族复兴的重要支撑

习近平指出：“实现中华民族伟大复兴是一项光荣而艰巨的事业，需要一代又一代中国人共同为之努力。”[②]实现民族复兴是一项漫长征程，不是“轻轻松松、敲锣打鼓就能实现的”，这决定着民族复兴必然是梯度式发展的基本特点，党在不同的阶段必然有不同的发展目标与战略任务。新中国成立以来，中国共产党人时刻不忘实现民族复兴的重任，从“四个现代化”目标与“两步走”发展战略、到“三步走”、“新三步走”战略，再到“新两步走”“两个一百年”战略部署；从创造性使用“小康社会”概念、到“建设小康社会”“达到总体小康”，到“全面建成小康社会”，再到“建设社会主义现代化强国”的奋斗目标，生动描绘着中国共产党接续奋斗的辉煌历程，折射出我们党“一锤接着一锤敲”“钉牢一颗再钉下一颗”的战略定力和战略目标，从而为推进实现民族复

①习近平．习近平谈治国理政［M］．北京：外文出版社，2018：40．
②习近平．习近平谈治国理政［M］．北京：外文出版社，2018：36．

兴绘画出清晰的路线图和时间表。

三、新时代中国共产党引领民族复兴的现实启示

实现民族复兴这一历史赋予的光荣的使命，“现在，我们比历史上任何时期都更接近中华民族伟大复兴的目标，比历史上任何时期都更有信心、有能力实现这个目标”[①]。新时代，接好实现中华民族伟大复兴这场“接力跑”的“接力棒”，跑出民族复兴的好成绩，要坚持做到把“一张好的蓝图一干到底”，需要实现既定目标并衔接好下一个目标，使中国特色社会主义道路越走越宽广，进而如期实现“两个一百年”奋斗目标和实现中华民族伟大复兴的中国梦。

（一）坚持和加强党的全面领导

党的领导是中国特色社会主义最本质的特征，是中国特色社会主义制度的最大优势。党的十九大报告指出：“党政军民学，东西南北中，党是领导一切的。”[②]实现中华民族伟大复兴是我们党自成立之日起就义无反顾肩负起的历史使命，从某种意义上讲，党的发展历史就是党领导人民致力于民族复兴的历史。站在新时代的新起点上，当前我国正处在全面建成小康社会决胜阶段和实现中华民族伟大复兴的关键时期，在进行伟大斗争、推进伟大事业、实现伟大梦想的进程中，无论是国内形势还是国际形势，都有可能遇到难以预料的各种问题，因此，唯有坚持和加强党的全面领导，使党成为领导人民应对各种风险挑战的“定海神针”，才能在实现民族复兴的进程中赢得主动权。办好中国的事情，关键在党，党自身建设好坏直接关系民族复兴进程顺利与否。治国必先治党，治党务必从严。在党的建设发展过程中，“四大考验”和“四种危险”长期存在，必须解决党的领导弱化、党的建设缺失、全面从严治党不力的问题，发扬自我革命精神，育党内制度文化，坚持思想建党与制度治党、以德治党与制度治党紧密结合，形成软性约束与硬性规制同向发力，构建以制

①十八大以来重要文献选编（上）[M].北京：中央文献出版社，2014：83.

②习近平.决胜全面建成小康社会夺取新时代中国特色社会主义伟大胜利——在中国共产党第十九次全国代表大会上的报告[M].北京：人民出版社，2017：20.

度力量管人管事管权的良性机制，夯实党治国理政的制度基础①，推进全面从严治党向纵深发展，唯有如此，才能够担当起引领民族复兴这一伟大的历史重任，为实现民族复兴提供坚强的政治保证。

（二）贯彻以人民为中心的发展理念

人民至上是我们党的根本政治立场和最根本的价值目标。习近平指出："我们党来自人民、植根人民、服务人民，党的根基在人民、血脉在人民、力量在人民。"②实现民族复兴与实现最广大人民群众的根本利益是一致的，实现民族复兴的依靠力量在人民，必须始终坚守人民政治立场，践行以人民为中心的发展理念。第一，大力发展社会生产力，坚持深化改革，满足人民对美好生活的向往。先进发达的社会生产力是实现民族复兴的基本动因和物质前提，因此，必须始终坚持以经济建设为中心，满足人民日益增长的美好生活需要，破解发展不平衡不充分的现实瓶颈，为建设社会主义现代化强国和实现民族复兴提供强大的物质基础。第二，将党的群众路线贯穿于实现民族复兴进程的始终，以群众路线凝聚民族复兴的中国力量。人民群众是实现民族复兴的阅卷人，实现民族复兴需要坚持党的群众路线，将群众的利益诉求转化为党的执政实践，将群众的意见建议转变为党的政策主张，把党的正确主张变成群众的自觉行动，从而将党的群众路线这一生命线贯穿于实现民族复兴进程的始终，党的群众路线为实现民族复兴集聚群众力量、群众智慧。第三，保障和改善民生，满足人民群众的各项基本权益。会发展的情况很大程度上取决于人民，在发展中不能忽视对民生的保障和改善。民族复兴是政治经济文化的全面复兴，人民对美好生活的需要日益多样化，实现民族复兴需要保障人民最基本的需要，在全面建成小康社会决胜阶段，需要坚决打好脱贫攻坚战，最终实现民族复兴靠人民共创，成果由人民共享。

（三）坚持"五位一体"与"四个全面"系统推进

习近平指出："要统筹推进'五位一体'总体布局，协调推进'四个全面'战略布局，全力推进全面建成小康社会进程，不断把实现'两个一百年'奋斗目

①仰义方．以党的自我革命推进新时代伟大社会革命［J］．红旗文稿，2018(14)．

②习近平．习近平谈治国理政［M］．北京：外文出版社，2018：367．

标推向前进。”①“四个全面”是基于我国发展现实需要、人民群众的热切期盼和推动解决面临的突出矛盾和问题提出的战略布局，是为全面建成小康社会战略目标而做出的顶层设计和整体谋划。“五位一体”注重的是中国特色社会主义发展的整体性与系统性，是基于社会主义初级阶段总依据做出的总体局部。“四个全面”战略布局与“五位一体”总体布局统一于实现中华民族伟大复兴的中国梦的进程之中，为实现民族复兴提供了理论指导和实践指南。第一，抓住发展的重要战略机遇期，将战略机遇期转化为实现民族复兴的动力。虽然当今世界正处在“百年未有之大变局”，但是，“我国正处于一个大有可为的历史机遇期，发展形势总的是好的，大局是稳定的。”②在此背景下，要深刻认识到变局中的“危”和“机”同生并存，需要抓住重要战略机遇期，在稳中求进中推动经济社会高质量发展，提升经济结构优化升级和科技创新能力，为“四个全面”和“五位一体”协同推进提供良好的社会条件。第二，立足于“全面建成小康社会”战略目标，精准聚焦全面建成小康社会的重点难点问题，从经济、政治、文化、社会和生态文明建设全方位，推进全面深化改革、全面依法治国、全面从严治党三大“战略举措”，为推进社会主义现代化强国夯实基础。第三，立足于“国家治理体系和治理能力现代化”的总目标，根据中国特色社会主义发展的基本规律，从治国理政的全局视野系统推进“两个布局”，加强各个方面的制度建设，使党的十九大确定的“两步走”战略与党的十九届四中全会确定的“国家治理体系与治理能力现代化”的“两步走”战略协同推进，从而更好地坚持发展和完善中国特色社会主义。

（四）增强防范化解各种风险挑战的能力

实现民族复兴需要和谐稳定的国内环境与和平安宁的国际环境，和平与发展是当今时代的主题，同时，当今世界正经历百年未有之大变局，在处于关键的实现中华民族伟大复兴时期，“我们面临的风险也是多方面的，有外部风险，也有内部风险；有一般风险，也有重大风险”③。为此，必须增强防范化解各种风险挑战的能力，为实现民族复兴提供良好的内外部环境。第一，要从思想上强化风险意识。当今社会各种风险因素相互交织，对我国而言，“当

①习近平．习近平谈治国理政：第2卷［M］．北京：外文出版社，2017：37.

②习近平新时代中国特色社会主义思想学习纲要［M］．北京：学习出版社，人民出版社，2019：184.

③习近平新时代中国特色社会主义思想学习纲要［M］．北京：学习出版社，人民出版社，2019：184.

前，改革发展稳定任务之重、矛盾风险挑战之多、治国理政考验之大都是前所未有的”[①]，要有防范风险的先手，面对着复杂多变的国际形势、十分敏感的周边环境、改革发展稳定的任务依旧艰巨的社会大背景下，保持高度警惕，增强提高抵御风险能力的自觉性和紧迫感，克服“和平积弊”“太平惯性”“行动惰性”。第二，提高抵御风险制度供给的能力。现代化过程伴随着各种不确定性，由此社会风险的存在与积累对社会秩序造成直接威胁，需要充分估计实现民族复兴进程中的各种风险挑战，要有应对和化解风险挑战的高招，尽可能全面掌握社会风险成因，从预案准备上制定制度化的治理手段，提高快速稳局控势能力，增强化险为夷、转危为机的战略主动性。第三，增强战略思维能力和战略定力。有效应对当今各种传统和非传统安全威胁和挑战、国际形势中“黑天鹅”事件和“灰犀牛”事件，关键要把自己的事情做好，发扬艰苦奋斗精神，保持自身的战略定力，坚定“四个自信”，抓住历史发展机遇，为实现民族复兴提供坚强后盾。

①习近平.在纪念马克思诞辰200周年大会上的讲话[J].人民日报，2018-05-05.